# TOMA Y DACA

# Purdue Studies in Romance Literatures




PSRL volume 67

# TOMA Y DACA

## Transculturación y presencia de escritores chino-latinoamericanos

Huei Lan Yen

Purdue University Press
West Lafayette, Indiana

♾ The paper used in this book meets the minimum requirements of American National Standard for Information Sciences—Permanence of Paper for Printed Library Materials, ANSI Z39.48-1992.

Printed in the United States of America
Interior template design by Anita Noble;
Cover template design by Heidi Branham;
Cover image: Ship displayed on Dadaocheng Wharf, Taipei, Taiwan. Photo courtesy of Huei Lan Yen, 2015. (Barco expuesto en el muelle de Dadaocheng, Taipei, Taiwan. Fotografía cortesía de Huei Lan Yen, 2015.)

**Library of Congress Cataloging-in-Publication Data**

Names: Yen, Huei Lan, 1972-
Title: Toma y Daca : transculturación y presencia de escritores chino-latinoamericanos / by Huei Lan Yen.
Description: West Lafayette, Indiana : Purdue University Press, 2016. | Series: Purdue studies in Romance literatures ; 67 | Includes bibliographical references and index.
Identifiers: LCCN 2015050443| ISBN 9781557537485 (pbk. : alk. paper) | ISBN 9781612494654 (epub) | ISBN 9781612494647 (epdf)
Subjects: LCSH: Latin American literature--Chinese authors--History and criticism. | Chinese in literature. | Chinese--Latin America. | Latin America--Emigration and immigration. | China--Emigration and immigration.
Classification: LCC PQ7081.7.C45 Y46 2016 | DDC 860.9/895108--dc23
LC record available at http://lccn.loc.gov/2015050443

*Dedico este libro a mis padres*
*Yun Feng (Lucas) y Kwe-tzu (Luisa)*

# Índice

## Agradecimientos

Son muchas las personas a quienes quiero expresar mi gratitud. A Grady C. Wray por sus consejos y conversaciones, siempre profundos y alentadores, que contribuyeron invaluablemente a la realización de este trabajo. A José Juan Colín por sus ánimos, su ayuda y sus constantes palabras de optimismo. A mis queridísimas amigas, Margarita Peraza-Rugeley y Martha Carolina Galván, por su solidaridad, su generosa amistad y los buenos momentos que hemos compartido. Gracias por ser el modelo para salir adelante y por los consejos que han sido de gran ayuda para mi vida y crecimiento.

Quiero agradecer de todo corazón a mi esposo Chun Kuang y a mis hijos (Yixuan y Yanxun), por estar siempre en los momentos importantes de mi vida, por su amor y apoyo incondicional. A mis hermanos Wen Lin y Yun Kai, gracias por su paciencia y soporte. A Yiching Tsai y a Thy Tram, gracias por compartir sus vidas y por estar siempre presentes y pendientes. Sin ustedes no soy nada, "我愛你們!"

La foto de la portada es mía, es del 2015, proviene del muelle Dadaocheng, Taipei, Taiwán. Parte del capítulo 3 apareció por primera vez en el artículo "Identity, Culture, and Resistance in Two Short Stories of Siu Kam Wen," en *Alternative Orientalisms in Latin America and Beyond*, Newcastle, UK: Cambridge Scholars Publishing, 2007. Publicado con la autorización de Cambridge Scholars Publishing.

# Introducción

Europa solía presentarse, desde la llegada de Cristóbal Colón, como el foco del universo en Latinoamérica. No obstante, con el proceso de la descolonización, los países anteriormente sometidos al dominio imperialista emprenden un camino de independencia y de redefinición que se observa también en el campo literario y artístico. En el ámbito literario, el que nos interesa, se deja ver un importante crecimiento de autoconciencia, regional o nacional, que pretende redefinirse en el cuadro de la experiencia del encuentro intercultural. Se produce de esta forma una reflexión profunda con la que se trata de liberar al mundo descolonizado de las restricciones que lo envolvieron tanto tiempo. Dentro de este marco, surgen en América Latina algunas corrientes literarias, como el indigenismo, el negrismo, la literatura gauchesca, que producen textos literarios estrechamente ligados a un proyecto socio-político que intenta recuperar la preeminencia de las culturas locales y regionales. Tal literatura produce un espacio híbrido abierto a la indagación de las posibles maneras de negociación y supervivencia que permiten resguardar las identidades marginadas a partir del diálogo.

En este espacio literario que se produce a raíz del encuentro entre culturas, resalta el concepto de transculturación, que enfatiza el deseo de resistencia, de articular la diferencia, la interacción y el diálogo entre lo uno y lo diverso como claro reflejo de una sociedad multicultural. Tal como plantea Alberto Moreiras en su estudio "The Conflict in Transculturation," "there is no Latin-American culture without transculturation" ("no hay cultura latinoamericana sin transculturación;" 129; traducción mía). Se partirá, entonces, de la hipótesis principal de que en un contexto transcultural de descolonización, los escritores bilingües, biculturales o multilingües, multiculturales crean y entretejen en su narrativa la posibilidad de un diálogo entre sistemas culturales diversos, en muchos casos enfrentados a nivel ideológico, y su inclinación a creer que la esencia de América Latina se encuentra en las diferentes razas, costumbres, ideas y formas de vida. De esta manera, la transculturación representa la base de la historia de América porque constituye una clave para la comprensión de la cultura y del sistema de producción de estructuras de signos o códigos que definen los modos de relación entre los diferentes grupos de personas y culturas en América Latina.

Para dilucidar lo anterior, se hará una revisión reflexiva de fuentes teóricas que será de utilidad para conceptualizar el objetivo de este estudio, la transculturación. Asimismo, en vista a la importancia de esta teoría en los estudios de la producción literaria latinoamericana, este concepto se ha integrado también al marco fundamental de grandes categorías explicativas de los procesos culturales propios de América Latina, tales como el mestizaje, la hibridación y la heterogeneidad. En un mundo de cambio y movimiento, la transculturación subraya las aporías de una posición monológica y reitera la importancia del diálogo. Se propone como una nueva forma de enlace entre tradiciones intelectuales y una manera de hilvanar nuevas genealogías de pensamiento. Su empleo encarna una alternativa a anteriores teorizaciones exclusivistas y una superación de perspectivas unilaterales, deterministas y rigurosas en la descripción de procesos de encuentro cultural.

Dentro del marco teórico transcultural, es de particular importancia subrayar que la producción literaria de los escritores chino-latinoamericanos estudiados aquí comparten ciertas características comunes con la indigenista y la negrista. Primero, como producto de una sociedad heterogénea, su literatura representa una interacción creativa entre las distintas entidades culturales que se encuentran, y da como resultado procesos de selección, interacción, transformación, hasta llegar inclusive a la reproducción de una nueva entidad. Segundo, como resultado de una estructura social clasista y jerárquica, se trata de una literatura que ha sido víctima, en su mayor parte, de la imposición de los valores, parámetros y discursos dominantes. Y, en relación a este aspecto, muchas de las obras sobre la realidad y la experiencia de este grupo étnico y de sus descendientes son reproducidas por escritores primordialmente criollos, y desde una perspectiva no sólo ajena e ilusoria sino también antagónica y eurocéntrica. Son obras vinculadas, más bien, a los principios exotistas, esencialistas y a aquellas construcciones occidentales tan propias de los proyectos imperiales europeos, o sea, a través del "orientalismo."

Pese a que comparten ciertos elementos comunes con la literatura indigenista y la negrista, la de los chino-latinoamericanos sigue siendo excluida de la esfera nacional. Latinoamérica, compuesta principalmente de criollos, indígenas, africanos, europeos y fusiones de varias de estos grupos, en su intento de buscar y construir la identidad cultural, influida siempre por los pensamientos y valores culturales europeos, mostraba un claro desinterés y desprecio institucional por el componente asiático. Como consecuencia, la investigación y las publicaciones temáticas se confinaron de modo empobrecedor. Aunque en los últimos veinticinco años la creciente importancia del gigante asiático en Latinoamérica ha propiciado la existencia de estudios sobre la presencia china, son en su mayoría estudios relacionados a los ámbitos político, económico, histórico y social.

Considerando la complejidad de la experiencia de los inmigrantes chinos y sus descendientes en Latinoamérica, hemos incluido algunos conceptos como el orientalismo, la traducción y el subalternismo para alcanzar una mejor comprensión de las obras de los autores que estudiaremos aquí. Son producciones literarias surgidas de la heterogeneidad cultural, que provienen del contacto entre sistemas desiguales en términos de poder. Constituyen un corpus literario que aboga por la reivindicación de un mundo cultural marginado por la esfera central, lo que instituye distinciones calificativas entre las diferentes culturas del mundo.

Este libro se enfocará en las obras literarias de los siguientes autores chino-latinoamericanos: el chino-cubano Regino Pedroso (1896–1983), el chino-peruano Siu Kam Wen (1951–), el chino-mexicano Óscar Wong (1948–) y el chino-panameño Carlos Francisco Changmarín (1922–2012). Es importante indicar que existen numerosos escritores y escritoras latinoamericanos de ascendencia china, pero nos enfocamos en estos cuatro ya que: primero, son escritores prolíficos que han conseguido cierta reputación literaria y reconocimientos con diversos premios de literatura a lo largo de su carrera como escritor dentro y fuera de su país de residencia. Segundo, sus obras intentan reflejar su propia experiencia transcultural y en relación a ella, el dilema de temas como la asimilación, la resistencia, la marginación, la redefinición, la búsqueda de la identidad y la representación. Tercero, en el entrecruzamiento de sistemas culturales y herencias encontradas, las producciones literarias transculturales de estos autores actúan, mediante el proceso dinámico de selección, invención e interacción, como puente intermediario, dialogante entre culturas que se esmeran por hacer oír su voz y construir una identidad propia e híbrida. Este trabajo mediador de encuentro proyecta, por encima de todo, la resistencia activa de un mundo cultural históricamente marginado a las periferias por el centro hegemónico. Finalmente, en un espacio que convergen diferentes etnias y sistemas culturales, como es Latinoamérica, sus obras deben ser consideradas no sólo como fenómeno social, sino también como proyecto literario que busca ser parte integral de lo que conocemos como literatura latinoamericana.

En el primer capítulo haremos un recorrido panorámico de la historia de los inmigrantes chinos en Cuba, Perú, México y Panamá, partiendo desde su presencia más remota hasta su presente actual. La marcha hacia un país desconocido, en busca de una vida mejor o de un refugio político que asegura algo tan fundamental como la supervivencia, ha sido un rasgo común de muchos pueblos. No obstante, bajo el potente flujo ideológico europeo en auge en el siglo XIX sobre la raza, el progreso y la civilización, los chinos, víctimas de la discriminación y de los prejuicios raciales, eran indeseados, rechazados y reducidos a esclavos. A pesar de eso, después de las grandes dificultades de los primeros tiempos de residencia en el país, los inmigrantes chinos de ultramar en muy distintos contextos sociales e históricos, pasaron a ser no sólo un actor cotidiano de la sociedad, sino también objeto de discriminación y de exclusión. Posteriormente, gran parte de los descendientes de estos inmigrantes se asimilaron a la sociedad dominante consiguiendo un ascenso social, una mejora sustancial en el plano material y en los niveles educativos en comparación a sus padres y abuelos. Con este propósito, se intentará tener en consideración todas aquellas circunstancias históricas que han sido relevantes en el desarrollo de esta experiencia.

Se hará también un recorrido por la historia de la narrativa cubana, peruana, mexicana y panameña, enfocándonos primordialmente en los escritores de origen chino y de sus descendientes, empezando desde su génesis a finales del siglo XIX hasta el surgimiento de una nueva generación de escritores. Se trata de una literatura de distintas tendencias estilísticas y variedad temática. Un rasgo común que comparten esta literatura es que resaltan los temas sobre la injusticia social, la explotación, la marginación y la exploración de la identidad. Además, como ya se ha mencionado, si bien existen numerosos estudios sobre la presencia de los migrantes chinos en América Latina desde la perspectiva de las ciencias sociales, los estudios sobre la literatura producida por los descendientes de este grupo étnico en América Latina son todavía muy escasos.

El segundo capítulo se enfocará en las obras poéticas de Regino Pedroso. Dentro de la narrativa cubana y en la época prerevolucionaria, Pedroso emprendió la tarea de rescatar el legado cultural de sus antepasados que constituía parte de su experiencia vital. En sus obras *Nosotros* (1933) y *El ciruelo de Yuan Pei Fu* (1955) se reúnen las tres etnias conformadoras de la identidad cubana: la africana, la china y la hispana. Los poemas reunidos en *Nosotros* se refieren directamente al obrero, a asuntos sociales y étnicos en los que la lucha obrera, la colectividad, el antiimperialismo y la exaltación de la herencia africana y china son los temas principales. A diferencia de los temas sociales que se encuentran en *Nosotros*, *El ciruelo de Yuan Pei Fu* es un libro que se evade de la realidad cubana de su época, y en el que el autor sitúa los acontecimientos y los personajes de sus poemas en una China remota dominada por sabios filósofos. Dentro del ornamental ambiente chino y en la precisa conjunción de sus símbolos con la sociedad cubana, se acentúa su identidad heterogénea (es decir, china, africana e hispana) en una sola raza. Para conseguir su propósito, el poeta sino-cubano transculturiza el discurso del orientalismo europeo por medio de la estrategia de la auto-orientalización para crear un espacio de redefinición, resistencia y negociación cultural.

A diferencia de otros escritores incluidos aquí, el sino-peruano Siu Kam Wen es uno de los pocos escritores latinoamericanos cuyo idioma natal no es español. Sus obras narrativas *El tramo final* (1984), *Viaje a Itaca* (2004) y *La vida no es una tómbola* (2007) se enfocan en el tema del conflicto transcultural producido a partir del encuentro cultural. El impacto de la transculturación se ve en las experiencias de miles de inmigrantes chinos y sus familias que nunca consiguieron adaptarse a la nueva realidad de los países receptores, y tuvieron que vivir en un mundo en constante conflicto. Siu, el primero en introducir una temática prácticamente inédita en la literatura peruana o mejor dicho, latinoamericana en general, nos retrata, desde una doble perspectiva cultural chino-peruano, el mundo de esa comunidad en el Perú y la adaptación de sus miembros al ambiente cultural y social del país. Los protagonistas de sus obras personifican y condensan la vivencia de la transculturación. Poseedores de más de un sistema lingüístico y cultural, los personajes de sus obras mantienen una sensibilidad dislocada que afecta la concepción y comprensión del mundo que les envuelve. El tema de la identidad, en estas obras, va estrechamente relacionado con el proceso de la transculturación, y es parte del dilema que afecta a los personajes, y por añadidura al inmigrante chino en general. Más que nada, el escritor chino-peruano quiere rectificar la presencia denigrante de este grupo étnico, haciéndolo más humano y menos exótico.

En el cuarto capítulo presentamos las obras de uno de los pocos escritores que hemos podido encontrar de ascendencia china en México: el chino-mexicano Óscar Wong. Partiendo de las conexiones sociales y económicas que se establecieron entre los chinos desplazados y la sociedad mexicana, Wong realiza en sus poemarios *A pesar de los escombros* (1994), *Fulgor de la desdicha* (2002) y *Razones de la voz* (2002) un proceso de construcción y reconstrucción de su identidad. Nos demuestra un tipo de transculturación narrativa que no se fundamenta en la política de oposición binaria o una dicotomía, sino que se cimenta dentro de una "plasticidad cultural" surgida del contacto cultural. La incorporación del pensamiento taoísta y la filosofía del *yin* y el *yang* en sus obras supone un traspaso de esencialismos étnicos y culturales para centrarse en la interacción, siempre en proceso, de una identidad transcultural que aboga por una pluralidad cultural, china y mexicana. Crea un espacio de encuentro intercultural que afirma la creatividad, tratando de mostrar el lado positivo del encuentro violento. En sus textos vemos una fuerte identificación y compromiso, tanto con la cultura y literatura mexicanas como con su propia cultura, subrayando de esta manera la hibridez de su identidad.

En el capítulo cinco, a diferencia de los escritores mencionados, el chino-panameño Carlos Francisco Changmarín presenta en sus cuentos recopilados en *Faragual* (1960), en *Las mentiras encantadas* (1997) y su novela *El guerrillero transparente* (1982) la condición marginal del subalterno, más específicamente, el indígena, el campesino, el africano, como grupo racial o cultural, en el imaginario nacional de Panamá, y cómo este grupo ha alterado la visión de la otredad y, al mismo tiempo, la identidad del sujeto. Vemos una intención por parte de Changmarín de des-orientalizar "the 'primitive' Africans, the 'degenerated' Asians, and the Amerindians" como "primitive Orientals" (Camayd-Freixas 2) para actualizarlos en un presente inmediato y cotidiano, cambiante y negociable, alejado de un exotismo esencialista y ahistórico. Personifica la experiencia vital del hombre desgarradamente ubicado entre el mundo occidental y el indígena. Él, sin serlo de nacimiento, se identifica con lo indígena, "el cholo," en el corazón. Enmarcados en un contexto histórico social panameño de los principios del siglo XX, sus textos se proyectan como representaciones y proyectos transculturales que demuestran cómo las relaciones interculturales son constantemente un juego de fuerza y poder, y no sólo simples intercambios, diálogos o contactos. Con este objetivo comunicativo y reivindicativo, incorpora elementos procedentes de las culturas autóctonas, como sus valores, sus modos de percepción, sus cosmovisiones no como una estrategia de exotización sino como una marca de identidad diferencial. La narrativa changmariniana, intensamente transcultural, logra mostrar, por un lado, que la búsqueda de identidad representa un medio para desfamiliarizar el contexto de dominación y por otro, que la lucha por el espacio del subalterno del campo refleja la pugna entre el centro y la periferia. Tanto la pugna por el poder como el rol del subalterno encarnan la alegoría de la marginación a manos del "otro."

Como habíamos mencionado, el concepto de la transculturación es esencial para la comprensión de los textos de Pedroso, Siu, Wong y Changmarín. La transculturación se incorpora de forma transformadora, sobre todo en sus cuestionamientos de identidades, formales y temáticas, en el ámbito literario latinoamericano y caribeño. Sus diversas estéticas han representado, desde el siglo XIX, la valiosa otredad y la realidad multifacética, partiendo de una experiencia heterogénea americana. La idea de la transculturación procede del antropólogo cubano Fernando Ortiz, quien la enunció en 1940 en su libro *Contrapunteo cubano del tabaco y del azúcar* como un concepto contestatario al de *aculturación*. El término *aculturación* que proviene del inglés *acculturation*, designa el proceso por el cual una cultura dominada adopta pasivamente ciertos elementos de otra cultura (99). Frente a este concepto, Ortiz propuso el uso de transculturación como más apropiado, ya que expresa mejor las diferentes fases del proceso transitivo de una cultura a otra. Refiriéndose al caso de Cuba comenta que:

> Hemos escogido el vocablo transculturación para expresar los variadísimos fenómenos que se originan en Cuba por las complejísimas transmutaciones de culturas que aquí se verifican, sin conocer las cuales es imposible entender la evolución del pueblo cubano, así en lo económico como en lo institucional, jurídico, ético, religioso, artístico, lingüístico, psicológico, sexual y en los demás aspectos de su vida. (99)

"Las complejísimas transmutaciones de culturas" a que se refiere Ortiz indican los distintos procesos de contacto cultural. Lejos de ser una interacción unidireccional, constituida entre una cultura dominante y una subordinada como receptora, es considerada como una relación bilateral entre las diferentes formas culturales que se encuentran, y tiene como consecuencia procesos dinámicos de selección, interacción creativa entre las distintas entidades culturales.

Consciente de la importancia de este neologismo en la comprensión de la historia de Cuba y de América Latina en general, el teórico cubano define la transculturación de esta manera:

> Todos ellos arrancados de sus núcleos sociales originarios y con sus culturas destrozadas, oprimidas bajo el peso de las culturas aquí imperantes, como las cañas de azúcar son molidas entre las masas de los trapiches. Y todavía más culturas inmigratorias, en oleadas esporádicas o en manaderos continuos, siempre fluyentes e influyentes y de las más varias oriundeces: indios continentales, judíos, lusitanos, anglosajones, franceses, norteamericanos y hasta amarillos mongoloides de Macao, Cantón y otras regiones del que fue Imperio Celeste. Y cada inmigrante como un desarraigo de su tierra nativa en doble trance de desajuste y de reajuste, de deculturación o exculturación y de aculturación o inculturación, y al fin de síntesis, de transculturación. (Ortiz 99)

Es importante señalar que el uso del término "amarillos mongoloides," con una carga despectiva y negativa por parte de Ortiz, indica una perspectiva restringida legada por el saber europeo que no desborda los parámetros de representación orientalista. No obstante, en la cita anterior, el antropólogo cubano hace una aseveración importante: evidencia que en un mundo moldeado por la violencia de la conquista y la colonización, la transculturación brinda una perspectiva flexible que pretende superar el unilateralismo del término aculturación. De este modo, los rasgos vinculados con el proceso de transculturación son entonces, entre otros, complejidad, dinamismo, diversidad en las formas y niveles que conllevan pérdidas y adquisiciones diferenciales a partir de los grupos culturales puestos en contacto, dentro de una tensión que no admite la cancelación de la diferencia, a la vez que supone una capacidad de creación y de redefinición. La constante interacción entre los distintos componentes culturales da como resultado el surgimiento de un nuevo fenómeno cultural, o mejor dicho, "neoculturación."

Posteriormente, Ángel Rama asumió en su libro *Transculturación narrativa en América Latina* la transculturación orticiana y la desarrolló en el extenso contexto narrativo latinoamericano. El término retomado y trasladado al ámbito de los estudios de la producción literaria reclama a una singularidad de la literatura fundamentada en, entre otras cosas, la diferencia del medio geográfico, en la heterogeneidad étnica, social y cultural: "Las obras literarias no están fuera de las culturas sino que las coronan y en la medida en que estas culturas son invenciones seculares y multitudinarias hacen del escritor un productor con las obras de innumerables hombres" (19). El crítico uruguayo concibe la imaginación como fuerza modificadora, y todo discurso artístico como transportador de ideología. Los creadores literarios proponen incorporar novedades de un complejo cultural que no se delimitan a una estructura sincrética. Cada componente es una estructura autónoma y la inclusión de estos elementos "debe llevar conjuntamente a una rearticulación global de la estructura cultural apelando a nuevas focalizaciones dentro de ella" (18).

La propuesta de Rama toma como punto de partida los textos literarios del escritor peruano José María Arguedas, para demostrar los procesos de una literatura latinoamericana situada en una intersección cultural que opera desde diferentes niveles: la identidad, la lengua, la estructuración literaria y la cosmovisión. Enfocándose en las obras arguedianas, Rama distingue descriptivamente diferentes estratos formales productos del proceso de transculturación narrativa. Según el crítico, las obras e investigaciones del escritor destacan por su intento de desarrollar los dos sistemas culturales: el occidental y el indígena. Expone la importancia que concede Arguedas a la matriz cultural quechua al ficcionalizar en su escritura los procedimientos estilísticos de la narración oral del mundo incaico. Además, gracias a su eminente labor como antropólogo, Arguedas transculturiza en sus narrativas dos elementos culturales procedentes de la cultura quechua: las canciones y los relatos orales. Finalmente, para Rama, Arguedas representa el máximo ejemplo de construcción de formas artísticas como resistencia al impacto de la modernización, reconstruyendo como lengua literaria el habla popular de su región para poder, de esta manera, recuperar los valores tradicionales de su cultura.

Asimismo, entre los tres procesos que propone la transculturación orticiana—desculturación, aculturación y neoculturación—Rama rescata el último, ya que los dos primeros presuponen una imposición y exclusión forzada; la neoculturación, por el contrario, concede una elección y aceptación voluntaria. Esta posibilidad de acción voluntaria supone la presencia de un agente capaz de reconocer o resistir cambios culturales. Rama fusiona la noción de neoculturación con la "plasticidad cultural," planteamiento de Vittorio Lanternari que plantea tres posibles estrategias frente a la amenaza aculturadora (la vulnerabilidad cultural, la rigidez cultural, y la plasticidad cultural), para subrayar la creación de un espacio problemático y heterogéneo intermedio de diálogo y negociación entre formas culturales muy diversas. Rama explica la propuesta de Lantenari de la siguiente forma:

> […] la "vulnerabilidad cultural" que acepta las proposiciones externas y renuncia casi sin lucha a las propias; la "rigidez cultural" que se acantona drásticamente en objetos y valores constitutivos de la cultura propia, rechazando toda aportación nueva; y la "plasticidad cultural" que diestramente procura incorporar las novedades, no sólo como objetos absorbidos por un complejo cultural, sino sobre todo como fermentos animadores de la tradicional estructura cultural, la que es capaz así de respuestas inventivas, recurriendo a sus componentes propios. (*Transculturación* 31)

Gracias a la "plasticidad" de la cultura, Rama considera los fenómenos de la transculturación como parte de un proceso extenso y complejo que implica la pérdida de una cultura precedente, pero que conduce a una creación de nuevos fenómenos culturales mediante criterios de selectividad e intervención. Entonces, la plasticidad cultural permite la negociación, la renovación y la innovación cultural; esto es, una cultura decide adaptar aquellos elementos extranjeros que ayuden a acentuar la propia, atenuando, al mismo tiempo, los que considere como redundantes. Este rasgo afirma la autenticidad e independencia del agente, quien es capaz de expresar sus propias elecciones, como indica Silvia Spitta: "Ortiz insisted on understanding intercultural dynamics as a two-way *toma y daca* (give and take)" (4).

En este orden de ideas, Rama introduce en su texto la noción de rebeldía ante la relación asimétrica, al indicar que la noción de la transculturación muestra resistencia, ya que la "cultura tradicional" no recibe el impacto externo pasivamente "sin ninguna clase de respuesta creadora" (33). La narrativa producida a partir de un entrecruzamiento dinámico de culturas no es una mera acumulación de elementos, ni una imposición que excluye de forma total las características propias de la cultura subyugada, sino que presenta en ella una cierta independencia, una alteridad, una originalidad. Representa, asimismo, "un esfuerzo de descolonización espiritual" (20), un intento de desafiar la imposición epistemológica occidental basado en la interacción y traducción intercultural.

Al enfatizar la idea de transculturación como proceso interactivo y transitivo de una cultura a otras, términos como heterogeneidad, mestizaje e hibridez cobran plena vigencia en la conceptualización de las narrativas de transculturación. Según el crítico peruano Antonio Cornejo Polar, las literaturas heterogéneas se caracterizan por la "duplicidad o pluralidad de los signos socioculturales de su proceso productivo" ("El indigenismo y las literaturas heterogéneas" 12); es decir, se refieren a aquellas narrativas ubicadas en el conflicto cruce de dos sociedades y dos culturas, caracterizadas por la pluralidad de los signos socio-culturales de su proceso productivo. Más adelante, en una breve nota de 1994 "Mestizaje, transculturación, heterogeneidad," animado por el espíritu autocrítico, Cornejo Polar problematiza su propio concepto de "literaturas heterogéneas," pero también cuestiona si la transculturación puede representar ciertamente el módulo teórico de fundamento epistemológico que sustituya el concepto de mestizaje. Deduce que la noción de transculturación implica una síntesis que no llega a cumplir como punto de conexión teórica, ya que la cultura hegemónica elige arbitrariamente su propia síntesis (369–70).

Para aclarar y entender la conexión que existe entre estos dos conceptos, Martin Lienhard indica que la transculturación pone el énfasis en la acción recíproca de una cultura sobre otra, mientras que la heterogeneidad insiste en el hecho de que los textos producidos en una situación de conflicto cultural no son productos de fusión, sino espacios donde se siguen enfrentando las culturas que entran en contacto. El matiz diferenciador que establece Lienhard se encuentra en que transculturación "se refiere a un proceso, mientras que la heterogeneidad caracteriza el rasgo fundamental de los productos que resultan de tal proceso" (6). De esta manera, se puede deducir que las narrativas transculturales se fundamentan en una configuración heterogénea.

En este sentido, sería importante analizar la concepción genérica de mestizaje y su relación con la de transculturación. Walter Mignolo clarifica estos dos conceptos de la siguiente forma: "'Mestizaje' and 'transculturation' could be understood as two different types of discursive configurations, the first accounting for cultural complexities based on bloodlines [...], the other accounting for cultural complexities based on social and semiotic interactions" ("Afterword" 180). O sea, el mestizaje subraya más a una cuestión de connotaciones raciales que implica más una hibridación de las zonas de contacto; mientras que la transculturación constata las complejidades culturales basadas en las interacciones sociales, lo que suponen la mutua transformación mediante la interacción constante y la negociación entre personas de diferentes sistemas culturales. Todo esto indica, por un lado, que el mestizaje y la transculturación no se corresponden en todos los casos, y por otro que no se puede reducir el concepto de transculturación al de mestizaje.

Asimismo, para los propósitos de este estudio, es importante constatar la idea de transculturación con la noción de "hibridez." En líneas generales, el término *hibridez* indica los procesos y resultados de la mezcla de diferentes culturas en América Latina. Es a partir del texto de Néstor García Canclini *Culturas híbridas. Estrategias para entrar y salir de la modernidad*, publicado en 1989, cuando alcanza mayor difusión, precisión conceptual, aceptación y controversia en el ámbito de los estudios culturales. Canclini acentúa en su estudio la característica singular de las relaciones interculturales dentro del contexto de la modernidad, específicamente en lo que se refiere a las innovaciones y negociaciones de las culturas locales, ya sea populares o de élite, en contacto con las tecnologías de la industria cultural dentro de un mercado global. Se puede ubicar la noción de "hibridez" en la línea de las propuestas teóricas para explicar las proposiciones de la transculturación ya que "[…] los estudios sobre hibridación modificaron el modo de hablar sobre identidad, cultura, diferencia, desigualdad, multiculturalidad y sobre parejas organizadoras de los conflictos en las ciencias sociales: tradición/modernidad, norte/sur, local/global" (García Canclini, "Noticias recientes"). De esta manera, el concepto de hibridez trata de entender sociedades cuyas reconfiguraciones identitarias traspasan esencialismos étnicos, clasistas y nacionales, apropiándose y produciendo un complicado repertorio de múltiples mensajes y símbolos en contextos de modernización disímil.

Basándonos en los planteamientos anteriores, presenciamos en la literatura de Pedroso, Siu, Wong, Changmarín y otros escritores mencionados en este libro la interacción y el proceso de tránsito entre culturas; o sea, la mutua transformación mediante la interacción constante y la negociación entre sujetos de diferentes contextos culturales. Las apropiaciones a las que recurren estos autores transculturales de recursos estilísticos, literarios, discursos impuestos de aspectos culturales surgidos del contacto intercultural, remiten a la no pasividad de las culturas marginadas que les llevan a crear narrativas de transculturación con cierta autonomía; se trata de una alteridad intercultural, heterogénea, híbrida y mestiza.

Además de los críticos mencionados, la teoría de la transculturación, desde sus inicios en los postulados antropológicos de Ortiz hasta la aplicación literaria de Rama, ha incitado reflexiones de numerosos críticos, como por ejemplo John Beverley, Silvia Spitta, Misha Kokotovic, Jean Franco, Alberto Moreiras y Abril Trigo, entre otros. Muchas son las razones que hacen de este concepto un caso predominante para los estudios literarios. Al revisar el uso de este concepto, Beverley, por ejemplo, comenta que para Ortiz y Rama, la transculturación funciona como una teleología que conlleva momentos de violencia, pérdida y carencia, pero "necessary in the last instance for the formation of the modern nation-state and a national (or continental) identity that would be something other than the sum of its parts, since the original identities are sublated in the process of transculturation itself" (45). En diálogo con estas ideas de Ortiz y Rama, el crítico arguye que la subalternidad tiene características tanto de aculturación como de transculturación, si entendemos la aculturación como la subordinación de una cultura sobre otra, y la transculturación, como el encuentro entre dos culturas, como lo que ocurrió entre los españoles, indígenas y africanos (9). O sea, para Beverley, la transculturación sigue siendo el proyecto de la clase élite que deja intacta la desigualdad de relaciones de poder entre los grupos intelectuales y los subalternos. No obstante, hay que recordar que dentro del proceso de la transculturación, el narrador se convierte en el "mediador que trabaja sobre la dispersión y construye un significado que será igualmente problemático" (Rama, "Literatura y cultura" 34). Eso es, el espacio semántico construido a partir del encuentro intercultural no anula la dialéctica del poder, sino que dentro de su especificidad refiere a la convergencia de componentes culturales que difícilmente puede ser universalizada. Nunca elimina la diversidad. Se produce, así, el cimiento de una realidad única y autóctona.

El término *subalterno* utilizado originalmente por Antonio Gramsci y retomado por Ranajit Guha, es empleado para expresar la subordinación de grupos sociales en términos de "clase, casta, edad, género, oficio o de alguna otra manera" (35). Posteriormente, la palabra ha adquirido vigencia más allá del campo de estudios del Sur de Asia. Para Gyan Prakash este concepto es una

> Abstracción usada para identificar lo intratable que emerge dentro de un sistema dominante X, y que significa aquello de lo que el discurso dominante no puede apropiarse completamente, una otredad que resiste ser contenida [...] el subalterno presenta posibilidades contrahegemónicas no como una otredad inviolable desde el exterior, sino desde dentro del funcionamiento del poder, forzando contradicciones y dislocaciones en el discurso dominante, y proporcionando fuentes para una crítica inmanente. (62)

De acuerdo a Ulises Juan Zevallos, la subalternidad es una condición social subordinada impuesta, y dentro de esta condición los inmigrantes tienen "una posición subalterna" (367). Según Mignolo, la subalternidad es producto de la "colonialidad del poder," y funciona como punto de conexión de distintas historias locales y estructuras de dominación ("Colonialidad" 161). La subalternidad se presenta entonces, por un lado, como símbolo de las limitaciones del conocimiento occidental, dominante y hegemónico;

por otro, como una posición social ejemplificada en los oprimidos, o aquella condición que ocasiona la relación del poder y dominio en todos los niveles y en todas las situaciones coloniales.

Partiendo de la relación con la subalternidad, las obras literarias de los escritores tratados aquí intentan quebrantar el mutismo, la unidad, la perspectiva monolítica de las lenguas, culturas, e identidades. Su literatura intenta cuestionar las limitaciones del saber académico que no reivindica representar al subalterno y demostrar cómo el saber que producimos como académicos está constituido por la ausencia, imposibilidad o dificultad de representación del subalterno. Sin duda, junto con el cuestionamiento y problematización del legado imperial, existe la duda que presume el hecho de pretender ir más allá de la conciencia colonial y encontrar una voz original y auténtica. Gayatri Spivak, en su conocido artículo de 1988, "Can the Subaltern Speak?," postula que la subalterna carece la capacidad de hablar políticamente; no obstante: "when a line of communication is established between a member of subaltern groups and the circuits of citizenship or institutionality, the subaltern has been inserted into the long road to hegemony" (310). En este proyecto colaborativo que envuelve el establecimiento de relaciones entre el centro hegemónico y la periferia subalterna, esa voz silenciada por el centro encuentra, con mucho esfuerzo y de formas muy diversas, una vía para ser escuchada.

Basándose en la reflexión desde lo transcultural, Misha Kokotovic arguye que la transculturación está ligada al problema de conseguir la modernidad cultural y económica, la integración regional y la consolidación del estado en América Latina. Dentro de esta interpretación, la transculturación narrativa reconoce la gestión de los grupos subalternos. Dicha aseveración lleva la posibilidad de construcción de una modernidad, alternativa a la modernidad occidental, en sus versiones capitalista o socialista. Esta modernidad alternativa e inclusiva ha conducido a exploraciones de múltiples articulaciones de colonialismo y poscolonialismo. En el caso de Latinoamérica, la modernidad está comprendida no sólo por las clases medias occidentalizadas, sino también los campesinos, indígenas y trabajadores. En este proceso, las historias, los idiomas, las culturas subalternas y la fuerza de las etnicidades transforman la estructura del sistema literario hegemónico, e incitan una reinterpretación de centros y periferias: "This is the case with transcultural narrative, which not only attempts to represent the subordinated and their interests, but also draws on subordinated cultures to modify the inherited literary forms that have played a role in constituting the cultural dominance of Latin American elites" (12).

Como se puede ver, la transculturación no necesariamente produce una cultura homogénea o "pura," sino que es también una herramienta para la reinvención y ratificación de la diferencia cultural. La transculturación narrativa no sólo incorpora a los subordinados y a sus intereses, sino que también se sustenta de las culturas autóctonas para cuestionar las formas literarias dominantes que han poseído un papel predominante en la constitución de la dominación cultural de las élites latinoamericanas. Consecuentemente, dicha narrativa mina desde adentro las presunciones de universalidad de las convenciones literarias elitistas, demostrando su carencia y limitación en la representación de las vidas y perspectivas de la cultura dominante.

En relación con lo anterior, dentro de su idea general de "descolonizar el conocimiento," Spitta manifiesta de forma acertada que:

> The impact of industrialization between the two world wars presented Latin Americans with the drastic choice of either modernizing [...] or becoming culturally obsolete. In light of this, the transculturating impulse is one in which writers, echoing what was taking place at the level of general culture, take what they can use from Western literary forms in order to save what they can from the traditional, rural, and oral cultures of their countries. That is, they produced an engaged literature, one that opts for the poor and that attempts to mediate between the "first" and the "third" worlds—globally as well as within their own countries. (9)

La narrativa transcultural no sólo resalta la existencia de voces radicalmente alternativas, sino también la riqueza de los universos discursivos presentes fuera de la autoridad del ámbito dominante o de la "ciudad letrada." Por lo tanto, la apropiación de la cultura dominante como expediente de resistencia y afirmación de los sujetos subalternos se manifiesta en el término de *transculturación*.

En este sentido, Jean Franco, en su *Decadencia y caída de la ciudad letrada. La literatura latinoamericana durante la Guerra Fría* (2003), comenta que la práctica literaria etnopoética de los narradores transculturales representa "una forma de traducción que facilita el encuentro de epistemologías desiguales y transforma sus energías a favor de la justicia y, por consiguiente, de la acción política" (225). La traducción, como parte del proceso transitivo que da cuenta de la dinámica transcultural, representa una fuente de reflexión pertinente en el entendimiento de las narrativas transculturales, ya que forman una traslación de lenguas y culturas. Amparo Hurtado Albir, en su *Traducción y traductología. Introducción a la traductología* (2001), denota que

> [...] la importancia de la traducción como elemento configurador de una cultura, se cuestiona el concepto de universalismo, se incide en la idea de la traducción como reescritura, en la intervención de los aspectos ideológicos, culturales y de las relaciones de poder, en el papel de las instituciones y de todos los mecanismos de control. (566)

Los autores transculturales, como Pedroso, Siu, Wong y Changmarín, conscientes de las aporías que las representaciones mutiladas coloniales y orientalistas han proporcionado de sus culturas y sus tradiciones, ficcionalizan una problemática comunicativa que queda resuelta, de algún modo, mediante un proceso traductor. Desde el ámbito poscolonial, es decir, desde las continuaciones de las herencias lingüísticas, culturales y políticas coloniales siglos después de las independencias políticas de Latinoamérica, estos escritores asumen el desafío de contestar contrahegemónicamente a esa manipulación previa. Saben que la traducción puede manipular, pero que también es una estrategia dinámica que permite acceder al centro de un polisistema. El autor como traductor, mediador entre las lenguas y culturas que lo conforman, crea en su literatura transculturada la posibilidad de un diálogo intercultural, actuando, de esta manera, como agente activo del intercambio.

Remitiendo a la noción y el proceso de la transculturación, Homi Bhabha postula que la traducción es un terreno de representación cultural, una reinscripción que elimina los esencialismos y las dicotomías, promueve una actitud favorable a la pluralidad y se asume como transformación incesante. La traducción cultural como "place of hybridity" (37) es proceso complejo que posibilita la conservación de las experiencias e identidades migrantes, en constante tránsito entre diferentes sistemas lingüísticos y culturales. Ante esto, Bhabha indica que la traducción está enlazada a la hibridez y a la existencia de un tercer espacio de hendiduras que permite traducir la diferencia cultural, sin establecer identidades inmutables; un tercer espacio que abre la posibilidad a la traducción de la diferencia cultural (38–39). Es una zona enunciativa que brinda la posibilidad de negociar, de redefinir, impulsando las capacidades creativas de las zonas de contacto. Pedroso, Siu, Wong, Changmarín y otros mencionados aquí traducen para contrarrestar las maniobras de las representaciones de su mundo, para construir visiones desde sus perspectivas, con las que pueden identificarse en alguna forma, para destacar la diferencia. En este sentido, sus obras transculturales apuntan hacia un enfoque desafiante, creativo e intercultural; traducen la cosmovisión, la lengua, el sistema cultural y los transculturan en la estructura de géneros literarios como la novela, el cuento y la poesía.

Aunado a ello, la respuesta que plantean estos sujetos "orientales" desde la literatura nos obliga también a repensar el conocimiento y las representaciones de las identidades sociales autorizadas por el dominio de Occidente y el colonialismo. Dicha aseveración no sólo muestra las limitaciones discursivas de Occidente cuya integridad se basa en la exclusión del otro, definido a partir de una dimensión étnica, sino que también rebasa la frontera marcada por el discurso orientalista. Edward Said lo plantea de esta manera:

> [...] Orientalism can be discussed and analyzed as the corporate institution for dealing with the Orient—dealing with it by making statements about it, authorizing views of it, describing it, by teaching it, settling it, ruling over it: in short, Orientalism as a Western style of dominating, restructuring, and having authority over the Orient. [...] In brief, because of Orientalism the Orient was not (and is not) a free subject of thought or actions. (3)

El orientalismo no es como una ideología que se podría superar mediante el proceso de denuncia y desenmascaramiento, sino como un complejo sistema de prácticas y mecanismos discursivos que configuran el mundo para la consolidación del Occidente. Es un discurso que se extiende mucho más allá de los dominios de la economía y política e impregna buena parte de la lengua y cultura. Comúnmente aceptado y matizado por los intereses de las potencias imperialistas, tiene como resultado la interiorización del orientalismo no solamente en la mentalidad occidental, sino también oriental.

El orientalismo se presenta entonces, por un lado, como metáfora de las limitaciones del conocimiento occidental, dominante y hegemónico, y por otro, como una condición que genera la relación del poder y dominio en todos los niveles y en todas las situaciones coloniales. Dentro del contexto transcultural, los escritores chino-latinoamericanos se apropian de forma diferente el discurso orientalista. Son múltiples las formas de apropiación del discurso orientalista, van desde la aceptación total o parcial (el auto-orientalismo) hasta el rechazo total. Los escritores que se apoderan del discurso orientalista articulan la diferencia mediante la inclusión de elementos y representaciones autorizadas por el Occidente no só lo para parodiar y cuestionar la proyección interiorizada de la imagen colonial del Oriente, sino también, para fomentar entendimiento entre todos. Como asevera el crítico Ignacio López-Calvo en *Alternative Orientalisms in Latin America and Beyond* (2007): "rather than constructing the Orient as the West's alien and inferior Other, [...] [the aim should be to make] an attempt at understanding the Asian within us (within the Western world)" (Introduction ix). Mediante la insistencia de la especificidad cultural, que se expresaría tanto a nivel lingüístico como en la diferencia de experiencias vitales y culturales, nos ofrecen, a través de sus obras, un diálogo desjerarquizado, abierto, que hace confluir diversas identidades y culturas.

Si aceptamos la afirmación de que la identidad es una construcción sujeta a constantes negociaciones de diversa índole, y que tanto la identidad cultural como la étnica y la nacional han sido inventadas, todo esto explica su constante búsqueda y replanteamiento. El sujeto transculturado está siempre en un continuo proceso como resume Spitta: "The transculturated subject is someone who, like Arguedas, is consciously or unconsciously situated between at least two worlds, two cultures, two languages, and who constantly mediates between them all" (24). En esta dimensión, la identidad de los chinos también experimenta, de forma permanente, la construcción y reconstrucción derivada de nuevos contextos y situaciones históricos, sociales, lingüísticos y políticos. Algunos chinos se vieron en la necesidad de construirse una autoimagen que respondiera a la percepción que de ellos se tenía; mientras que otros, defensores de su cultura, desearon ser reconocidos como una identidad de la diferencia y, por extensión, distinta y específica.

Para estos escritores, la identidad se presenta como una herramienta simbólica para la creación de un orden universal y social, pero también constituye una estrategia discursiva, un agencia que permite la asociación de individuos que se sienten alienados o marginalizados por una fuerza exterior que intenta soslayar sus diferencias y luchas reivindicativas. De esta manera, las obras de este grupo de escritores ilustran una apertura y un movimiento literario y social que les permite adquirir una voz que anteriormente había sido silenciada por el centro.

Pretendemos contribuir con este estudio al conocimiento de la inmigración china en Cuba, Perú, México y Panamá a través de su presencia y de su literatura. Los textos de los escritores mencionados están marcados por la hibridez identitaria en la cual confluye, por un lado, la herencia china, por el otro, la identidad culturalmente definida y arraigada en la sociedad latinoamericana. Estos inmigrantes y sus generaciones descendientes consolidan una parte de su identidad y participan de la identidad nacional en un proceso sociohistórico en permanente construcción y reconstrucción en las sociedades que los acogieron. Todo ello apunta a la idea de que lo "latinoamericano" no es una unidad sino una diversidad. La adición de dichos inmigrantes en la composición heterogénea latinoamericana muestra sus diferentes facetas, y es esta diversidad cultural la que constituye la riqueza de la que llamamos cultura latinoamericana.

## Capítulo uno

# Coyuntura y debate

## La presencia de los inmigrantes chinos en Latinoamerica

En los siglos XIX y XX se produjeron a nivel mundial grandes olas migratorias. Dichos movimientos migratorios fueron resultado de diversos motivos, entre los cuales están la distribución de las fuerzas productivas, el desarrollo no equitativo de la economía, la prosperidad del comercio intercontinental y la manumisión de los esclavos de origen africano:

> Las migraciones más grandes de la historia se produjeron durante el siglo XIX y las primeras décadas del XX con el desplazamiento de 50 millones de europeos hacia América. Entre 1821 y 1832, en América Latina y el Caribe se insertaron 20 millones de migrantes, mayoritariamente de esa procedencia. Los países de América Latina y el Caribe, convertidos en proveedores de materias primas y de productos agrícolas, fueron un polo de atracción para la mano de obra europea y asiática. Asimismo, por el reducido o ausente mercado de mano de obra local, en algunos países, sectores vinculados principalmente a la agricultura de exportación recurrieron a la importación de mano de obra semiesclava o servil. (Morimoto 2)

Bajo estas circunstancias, el continente americano, como proveedor de materias primas y de productos agrícolas, se convirtió en un territorio que ofrecía mejores perspectivas para los emigrantes procedentes de Europa y Asia. Así, motivados por razones fundamentalmente económicas, se orientaron hacia aquel con la intención de prosperar y contribuir al desarrollo y consolidación de los países receptores. Este es el caso de los denominados *culíes* (o coolies), término que suele identificar a los trabajadores de origen chino reclutados frecuentemente de manera forzada y sometidos a arduos regímenes de trabajo. Es un término calificado por la mayoría de los especialistas en estudios de Asia como de semiesclavitud (Yun 4).

¿Cuáles fueron las principales causas que promovieron la migración de los chinos? En el siglo XIX se registraron en China una serie de intensos sucesos económicos, políticos, sociales y naturales que favorecieron la emigración forzada o voluntaria de ciudadanos chinos a diferentes países del mundo. La presencia de las poblaciones de origen chino en Latinoamérica ha sido no sólo producto de la situación explosiva de miseria del siglo XIX y de la necesidad de mano de obra barata que demandó la expansión económica y política europea, sino también de una serie de acontecimientos que ocurrieron en China. Muchos de ellos provenían casi exclusivamente de la provincia sureña de Cantón. La crisis social en China se intensificó a partir de la primera mitad del siglo XIX bajo la dinastía Qing (1644–1911), considerada por ser corrupta, incompetente, incapaz de administrar, sin liderazgo y con grandes problemas económicos y sociales. Se calcula que para este periodo, la población en China era aproximadamente de cuatrocientos millones y medio de habitantes, lo que trajo como resultado la disminución de los recursos naturales y el desequilibrio en relación con la producción de alimentos. Por tal causa, se produjeron numerosas revueltas populares, entre las que se puede resaltar la *Rebelión Taipin* (1851–64) como una de las más trascendentales, ya que se enfocó directamente en el rechazo a la autoridad del imperio, así como en negar el antiguo orden establecido por los principios confucionistas. Ésta y otras rebeliones diezmaron la población y estimularon no sólo migraciones internas sino también migraciones hacia América, Europa y otros lugares del mundo (Evans 190).

En este mismo periodo, las potencias europeas comenzaron una nueva repartición del mundo, principalmente las áreas en desarrollo, asentando así grandes colonias en ultramar, entre los que se destacan estaban Estados Unidos, Francia, Inglaterra, Rusia, Alemana y el Imperio austrohúngaro. Estos países pretendían encontrar nuevos mercados para su producción industrial y China representaba un gran potencial, puesto que siempre se había mantenido fuera del contacto con los mercados de Occidente. Además, al inicio del siglo XIX, las operaciones comerciales entre la dinastía Qing e Inglaterra empezaron a convertirse en un gran problema. La Compañía Británica de las Indias Orientales empezó a introducir ilegalmente en China proporciones considerables de opio. El imperio celestial pretendió establecer medidas para acabar con el tráfico del opio y, como consecuencia de ello, los británicos declararon la guerra a China. Esto devino en la derrota militar del imperio celestial en las Guerras del Opio de 1839 a 1842 y de 1856 a 1860. Con esta desgracia militar, el emperador chino se vio comprometido por una serie de acuerdos forzados a permitir, cada vez más, la entrada en su territorio al comercio foráneo. En 1842, firmó así el Tratado de Nanjin con Inglaterra, mediante el cual se abrían al comercio extranjero los puertos de Cantón, Shanghai y Amoy, entre otros; otorgaba a los comerciantes extranjeros el derecho a residir en estos puertos y a ejercer cualquier actividad económica; concedió, asimismo, a Inglaterra la isla de Hong Kong por un periodo de 155 años. Éstas y otras prerrogativas también fueron otorgadas a Estados Unidos y Francia, mediante la firma de los tratados de Wangxia (1844) y Huangpu (1844), respectivamente, cláusulas que permitían a estos dos países ejercer el libre comercio en toda China (Evans 195).

A esto se sumó el conflicto chino-japonés que se dio a finales del siglo XIX. El sometimiento de China fue tan rotundo que ocasionó no sólo el deterioro militar, sino también la corrupción administrativa y produjo revueltas y agitaciones dentro del sistema imperial. En este periodo muchos de los territorios de China estuvieron también expuestos a una gran cantidad de inundaciones, anegamientos y desbordes de ríos, sobre todo en las zonas próximas al río Amarillo. Dichos desastres naturales dejaron serias consecuencias a su paso, como enfermedades infecciosas, hambre y pobreza.

Toda esta serie de sucesos tanto sociales como políticos que se dieron en China, así como su correlación con los acontecimientos del orden natural, llevaron a una gran desestabilización de la sociedad china de los siglos XIX y XX. Todo ello despertó en muchos de los inmigrantes del imperio celestial una eminente inclinación y urgencia de partir en busca de nuevos horizontes y mejores oportunidades fuera de sus tierras. Muchos se embarcaron principalmente en los puertos de Cantón, Hong Kong y Amoy. Los de Cantón fueron los más numerosos, ya que esta provincia fue la más afectada por la penetración extranjera. Los que emigraron fueron en su mayoría previamente contratados, como el *culí*. Otros, en cambio, migraron voluntariamente y se dirigieron, por lo general, al estado de California para trabajar en las minas de oro. Sin embargo, a muchos de ellos se les contrató a base de engaños e incluso algunos fueron secuestrados.

El tráfico de *culíes* hacia América Latina, con la excepción de México, se inició en sustitución de la trata de mano de obra esclava de origen africano. El tráfico de esta última era perseguido en virtud de lo establecido por el tratado de Viena (1815) que prohibía la esclavitud. Una vez firmado el contrato, los *culíes* fueron trasladados a América, realizando una travesía con una duración de noventa a ciento cincuenta días, dependiendo del lugar de destino. Concentrados en barcos insalubres, muchos se enfermaban de disentería y fiebre tifoidea, y por ello, en algunos viajes la mortalidad oscilaba entre el cinco y diez por ciento (Pérez de la Riva 145).

La inmigración china fue relativamente intensa en países como Cuba, Perú, Panamá y México. En Cuba, tuvo mayor importancia no sólo por su volumen, sino también por la influencia que ejerció sobre la sociedad colonial en un momento de crisis que experimentaba el sistema de producción basado en el trabajo del esclavo. A mediados del siglo XIX, Cuba se había convertido en el primer productor mundial de azúcar, a causa de las insurrecciones de los esclavos y la agitación política en el resto del Caribe, que habían disminuido la producción de sus competidores franceses e ingleses. A pesar de su relativa mecanización, la industria del azúcar proseguía siendo una empresa manual intensiva, de manera que, durante este periodo, debido al embargo británico sobre el comercio de esclavos y a las presiones por abolir la esclavitud como sistema de trabajo en las Américas, los hacendados cubanos tuvieron que enfrentar una gran escasez de mano de obra, mientras la demanda de azúcar continuaba expandiéndose. Inspirados en el ejemplo británico y en sus propias relaciones cercanas con los trabajadores chinos en las colonias de Filipinas (Hu-DeHart, "El Caribe" 19), y alarmados a los sucesos de la revolución en Haití, los hacendados en Cuba vieron en Asia no sólo a un proveedor para complementar la mano de obra, sino también una solución para el "blanqueamiento" de la isla (Corbitt 5). De este modo, se identificó, particularmente, a China como una enorme reserva de mano de obra.

## La presencia de los chinos en Cuba

Los chinos llegaron a Cuba contratados en el año de 1847 para trabajar en ingenios y haciendas azucareras. Hacia 1860 arribaron otros inmigrantes chinos libres desde California, a donde habían acudido llamados por la "fiebre del oro" y de donde debieron huir por los brotes racistas que luego se produjeron a raíz de la Ley de Exclusión de los Chinos en 1922. Se estima que durante todo este lapso llegaron alrededor de 160.000 chinos, una cantidad que disminuyó aceleradamente a causa de los maltratos, los suicidios y las enfermedades (Fraginals 53). Los *culíes*, al llegar a Cuba, tuvieron que detenerse en la estación de cuarentena, y para doblegarlos y someterlos, se les cortaban las trenzas y les obligaban a desnudarse para ser examinados, mercantilizados y vendidos. La gran mayoría, el ochenta por ciento de éstos, fue conducida directamente a las plantaciones o ingenios. El trabajo en las plantaciones era el más arduo. Según el contrato, la jornada diaria de trabajo era de doce horas pero, por regla general, las jornadas eran de veintiuna horas diarias (Chou 48). Además de las largas horas de trabajo, todas las plantaciones contaban con sus propias cárceles, en las cuales se instalaron diversos tipos de torturas. Los administradores hicieron uso de palo, cuchillo y látigo para disciplinar y castigar a los trabajadores chinos. Como consecuencia de la crueldad con que eran tratados, muchos quedaron minusválidos. Y cuando no tenían valor para la producción, eran abandonados en la calle, como pordioseros (Pérez de la Riva; Corbitt; Chou).

Al trabajar como esclavos, no comer suficiente y sufrir un sinnúmero de improperios, los chinos manifestaban, por lo general, cuatro tipos de reacciones: primero, mostrar un alto grado de subordinación, producto de una sociedad feudal fundamentada en las enseñanzas de Confucio; segundo, suicidarse; tercero, asesinar a los administradores o capataces; cuarto, escaparse de las plantaciones. Muchos optaron por suicidarse, creyendo que su espíritu volvería a su tierra natal. Para destrozar esta última esperanza de los sujetos, los administradores quemaban los cadáveres de los caídos en presencia de los demás trabajadores chinos y preparaban hogueras para las nuevas víctimas (Pérez de la Riva 19). Según el cálculo general, un setenta y cinco por ciento de los *culíes* murieron antes de finalizar sus contratos de ocho años (Corbitt 80). Los pocos afortunados contratados una vez terminado su contracto de enganche, escogieron salir de las plantaciones y fueron a las ciudades para probar suerte. Muchos de éstos eran artesanos, cocineros, dependientes de tiendas, jardineros o vendedores ambulantes.

Posteriormente, en las guerras de 1868 y de 1895, los chinos mambises, o sea insurgentes de origen chino, lucharon por la libertad, combatiendo intrépidamente en las guerras de Independencia. Muchos de ellos se unieron a sus contrapartes blancas y negras y pelearon bajo las órdenes de Máximo Gómez, Antonio Maceo, Carlos Roloff y otros altos comandantes. José Bu, por ejemplo, fue uno de los muchos insurrectos chinos que se distinguieron por su liderazgo y su valor. Los chinos mambises han sido considerados héroes nacionales por los cubanos. Su lugar en la historia quedaría asegurado con el tributo acuñado poco después de la Independencia por el general mambí Gonzalo Quesada, quien asegura que: "No hubo un chino cubano desertor; no hubo un chino cubano traidor" (Hu-DeHart, "El Caribe" 23). Este reconocimiento fue posteriormente grabado en un obelisco dedicado a los chinos mambises. José Martí, por su parte, elogió la valentía y la lealtad de los chinos en la lucha por la independencia: "Porque los chinos eran grandes patriotas; no hay caso de que un chino haya traicionado nunca: un chino, aunque lo cojan, no hay peligro: 'no sabo,' nadie lo saca de su 'no sabo'" (293). Más tarde, en el siglo XX, y como resonancia de este sentimiento, el famoso y renombrado escritor cubano Severo Sarduy, algunos de cuyos ancestros procedían de Macao, proclamó que: "Se han superpuesto tres culturas para construir a Cuba, la española, la africana y la china" (5).

Con el tiempo, aunque los chinos siguieron siendo blanco de discriminación e incomprensión, el elemento chino llegó a formar parte integral en la cultura cubana. En el teatro bufón cubano, producto de la síntesis racial y cultural cubana, aparecían por lo general cuatro personajes típicos del folklore cubano: el negrito, el gallego, la mulata y el chino. El chino ambulante o el *culí* hacía reír al público con sus ocurrencias y comentarios sobre algún aspecto de la vida en Cuba (Varela 18). En 1934, surgió en la radio emisora cubana una serie de historias de género detectivesco escrita por Félix B. Caignet, cuyo personaje principal era Chan Li Po, un chino serio, sabio, simpático que sabe todo. También, existen frases y expresiones de uso popular, muchas de connotación negativa, como "Tener un chino atrás" que quiere decir "tener mala suerte," "Buscarse un chino que te ponga un cuarto," expresión usada para romper un vínculo amoroso, "Estar en China," ajeno, ignorante, sin saber de lo que se habla. "No salvarlo ni el médico chino," expresión que indica la gravedad y la imposible salvación de una enfermedad (Varela 50).

En el ámbito del arte, el más conocido de los chinos cubanos es, sin lugar a dudas, el pintor vanguardista de fama mundial Wifredo Lam, cuyas representaciones de la afrocubanidad plasman el alma cubana y cuyo arte se ha expuesto con gran éxito en todo el mundo. Por ser la personificación de una Cuba multirracial, sus trabajos se exhiben permanentemente en un museo dedicado sólo a su obra, situado en el centro de La Habana, donde su arte y su nombre se mantienen vivos para cubanos y visitantes internacionales. Se han escrito numerosos libros sobre este pintor y sus obras artísticas, en los que exploran su vida extravagante y su admirable producción artística. No obstante, a pesar de su ascendencia china, Lam comenta sobre su identidad cultural que "tengo mucha sangre china que corre por mis venas pero nunca me he sentido chino" (Núñez Jiménez 25). Siempre insistió en que era cubano, y que siendo hijo de un inmigrante chino que se le haya asignado la responsabilidad de representar la cultura híbrida cubana en el mundo es el mayor tributo a su herencia china.

En el campo literario, además de escritores renombrados como Severo Sarduy, Cabrera Infante y Zoé Valdés, cuyos vínculos ancestrales chinos parecían muy lejanos, existen escritores de ascendencia china cuyas obras representan un proceso significativo de reconocimiento de la etnia china que reclaman ser estimados como individuos, respetados en sus derechos y valorados por su contribución a la sociedad cubana. Estas aspiraciones impugnan la marginalización, la exclusión y la desvalorización cultural de que habían sido objeto, como se observa en la obra de Antonio Chuffat Latour y la testimonial de Armando Choy, Gustavo Chui, Moisés Sío Wong sobre la contribución de descendientes chinos en la Revolución Cubana.

Antonio Chuffat Latour, por ejemplo, nació en 1860 de padre chino y madre afro-cubana. Fue testigo de numerosos acontecimientos históricos, como el aumento de la presencia china en Cuba, las guerras de insurrección por la independencia cubana, la abolición de la esclavitud y la ocupación estadounidense. Debido a su destreza en dos idiomas, español y chino, trabajó de traductor e intermediario en la comunidad china. En 1927, a la edad de sesenta y siete años, publica su primer y único texto, *Apunte histórico de los chinos en Cuba*, en el que documenta la historia social de los chinos empezando desde los años 1840 hasta 1920, más específicamente, desde la época de la trata amarilla, su abolición llegando hasta la época post*culíes*. El autor afirma en el prólogo que su texto está dedicado a los *culíes* y su propósito es presentar, mediante la construcción de una imagen positiva del chino como trabajador, leal, amable y obediente, la importancia y las contribuciones de este grupo étnico en la sociedad cubana, puesto que "lamentable e ignominioso, triste, fueron los maltratos de los chinos [...] sin amparo de la Ley, tratados como si no fuesen humanos" (5).

Es difícil categorizar el trabajo de Chuffat en términos de forma, ya que además de las entrevistas a los miembros de la comunidad china, encontramos también documentos oficiales, decretos, contratos, tratados, artículos de periódicos y fotografías de los diplomáticos y los miembros dirigentes de la comunidad china. El libro podría leerse no sólo como una biografía de la comunidad china, sino también como una autobiografía de su autor y una crítica al liberalismo que desvaloriza los aportes culturales, sociales y políticos de estos inmigrantes. Tal como asevera López-Calvo en "Latin America and the Caribbean in a Sinophone Studies Reader?": "His conciliatory tone responds to a strategic positioning with a twofold goal: to 'charm the oppressor' [...], and to express his disappointment in Cuba's failure to recognize the key role of the Chinese in the building of the nation" (412). Asimismo, la pluralidad de formas de *Apunte histórico* sugiere una escritura que resistió a las normas de género, pero también estimula múltiples lecturas e interpretaciones. La forma y el contenido del libro marcados por la hibridez cultural y racial del escritor permiten la inclusión de una pluralidad de agentes y discursos que contrasta con la cultura homogénea y "pura" del discurso oficial respaldado por la clase dominante. Según la crítica Lisa Yun, una de las principales contribuciones de Chuffat fue su interpretación de los chinos no sólo como "agents in freeing themselves from a colonial slavery system but also as creative agents of cultural forms and hybridizations" (185). En esta obra, los chinos están presentes en los ámbitos culturales, políticos y económicos de Cuba. Al construir su propia versión de la historia mediante la incorporación de componentes culturales chino-cubanos dentro de la definición dominante de "cubanidad," Chuffat deconstruye los discursos que sustentan las visiones negativas y excluyentes de las poblaciones minoritarias para convertirse en un agente activo en la reconstrucción y redefinición de la identidad cubana.

En relación a la construcción de la historia, Armando Choy, Gustavo Chui, Moisés Sío Wong, descendientes de inmigrantes chinos, exponen mediante una serie de entrevistas, fotografías, ensayos, artículos, la legitimidad de la Revolución Cubana, la historia de sus vidas y el papel histórico de la inmigración china en Cuba. *Nuestra historia aún se está escribiendo. La historia de tres generales cubano-chinos en la Revolución Cubana*, publicado en 2005, constituye "una crónica de la Revolución Cubana" según los que participaron en primera fila. Al elaborar su historia, reconstruyen sus propios pasados y problematizan el discurso de nación que anula las diferencias. El acto de recuperar la memoria histórica es un paso en el proyecto que valora su identidad individual y colectiva. El pasado aparece como un recurso poderoso y negociable, y la narración de éstos se presenta como una herramienta de poder que cuestiona la ilusión de homogeneidad cultural centrada en el prototipo europeizado y blanco.

En esta obra testimonial, los escritores utilizan dos caminos para enfrentar la hegemonía cultural: primero, el fortalecimiento de las opciones culturales, como la chino-cubana; segundo, la lucha política, o sea, la revolución como un intento de alcanzar la justicia social y política. Choy, Chui y Sío Wong empapan la lucha revolucionaria de un idealismo moral nacido de fuertes presiones históricas, provenientes de la desigualdad y la injusticia, en medio de la secular lucha entre la hegemonía y el desprotegido:

> ¿Cuál es la diferencia de experiencias entre los chinos aquí en Cuba y los de otros países de la diáspora? La diferencia es que aquí se llevó a cabo una revolución socialista. La revolución eliminó la discriminación no sólo por el color de la piel. [...] Es lo que hizo posible que un hijo de un chino pudiera ser representante del gobierno, que pueda ser cualquier cosa. Aquí se acabó la discriminación: del negro, del chino, de la mujer y del pobre. Aquí los cubanos de ascendencia china estamos integrados. (77–78)

Esta cita, y el libro en general, pueden considerarse propaganda política, pero también es una muestra de cuántas barreras sociales y emocionales debieron afrontar antes de la revolución, y de que solamente al entrar en la lucha lograron ganar un espacio de enunciación para todos. En *Nuestra historia*, advertimos una valoración del subalterno como miembro dirigente de la nación. El revolucionario aparece descrito desde la sencillez de la cotidianidad que vive en el campesino y en otros grupos étnicos, y entonces se convierte en héroe de la lucha nacionalista.

## La presencia de los chinos en el Perú

Por lo que toca al caso del Perú, la presencia de los chinos se remonta a la época colonial. Un grupo pequeño de chinos a los que se les denominó sangleyes, término arcaico para denominar personas de ascendencia china que pasaban a comerciar en Filipinas, arribó a las costas peruanas. De acuerdo al censo de la población de Lima, realizado por orden del virrey Juan de Mendoza y Luna, conde de Montesclaros en 1614, la ciudad de Lima contaba entonces con una población de aproximadamente 25.000 habitantes, de los cuales, 38 eran chinos. A partir de entonces, esta fue una inmigración intermitente que tuvo limitada influencia y que trascendió poco. La corriente migratoria de chinos al Perú que tuvo mayor trascendencia empezó en el año 1849 y fue intensa hasta 1874. Se estimaba que durante el auge del tráfico de *culíes*, entre 80.000 y 100.000 arribaron al Perú (Chou 55). Al igual que sus coetáneos en Cuba, la mayoría de los chinos del Perú procedían de la provincia de Cantón o sus alrededores.

Entre la segunda mitad del siglo XIX y la primera mitad del XX, la población del Perú ascendía a 1.200.000 personas, de las cuales, 673.000 eran indígenas que vivían en las sierras como agricultores y que formaban parte del sistema laboral. Estas personas se desarrollaron en ocupaciones pertenecientes a los sectores bajos de la ciudad, como las labores artesanales o en la manufacturación (Yamawaki 37–38). Es importante recordar que este periodo representa una etapa de reestructuración social en el Perú, de manera que más que inmigrantes, Perú buscaba mano de obra con el fin de salvar su agricultura. Los peruanos esperaban la llegada de europeos a sus costas; no obstante, no tuvieron mucho éxito debido a que muchos de ellos fueron comerciantes y profesionales. Asimismo, en el campo de la agricultura, su sistema laboral se acercaba a la servidumbre y no era del agrado de los inmigrantes europeos. Ante el fracaso de atraer europeos al Perú, el país miró hacia el Lejano Oriente, China. Esta actitud de desilusión la podemos ver en la siguiente cita del escritor peruano Juan de Arona: "Tampoco pretendemos que los chinos sean el elemento civilizador que sólo en segundo término necesita el país, ni menos que mejoren la raza local; mas sabemos que resolvieron la cuestión brazos, la de servicio doméstico" (89). Teniendo en cuenta sus habilidades como agricultores, empezaron, de este modo, una corriente migratoria china hacia el Perú.

Al igual que en el caso de Cuba, muchos de estos trabajadores transportados al Perú fueron secuestrados o engañados. Fueron encerrados primero en albergues y luego hacinados en barcos, casi todos con sobrecarga, con rumbo al Perú: "The coolie ships were commonly called 'floating hells.' The poor coolies, who were often enlisted by force or who signed contracts whose clauses were subject to differing interpretations, frequently committed suicide. One captain of a ship that transported coolies reported an average of up to three suicides a day" (Real de Azúa 39). El viaje de Cantón al Perú duraba unos ciento veinte días y durante esos días no faltaba la violencia en el trato, las intimidaciones y, por supuesto, los motines. Más de diez por ciento murió durante la travesía a causa de enfermedad, suicidio o asesinato.

Al llegar al Perú, la recepción de estos trabajadores asiáticos en el Callao fue similar a la forma en que fueron recibidos en La Habana. Los sometieron a cuarentena y al examen de la Junta de Sanidad del Puerto para verificar si estaban libres de enfermedades contagiosas. Después, los expusieron ante los posibles compradores como mercancías. Su situación fue tan funesta que generalmente se los designaba como esclavos, aunque en documentos legales figuraba la expresión de contratados. En muchas ocasiones, eran tratados mucho peor que los esclavos negros en las haciendas y chacras:

> Los grillos, la platina, el cepo, el látigo no andaban bobos como se dice, fuera del maltrato general que recibían de sus inmediatos capataces, hombres de color los más, y esclavos en su tiempo manumitidos más tarde. No hay tradición de que un chino haya encontrado piedad en un hombre de color. Los negros en la esclavitud no tuvieron más tiranos que los blancos, los chinos fueron tiranizados por los blancos y los negros. (Arona 93)

Las condiciones de trabajo de los chinos fueron en muchas ocasiones inhumanas y brutales, parecidas a las de esclavitud. Además, la actitud despótica de numerosos hacendados con sus trabajadores chinos, sumado a la de los capataces, que muchas veces eran esclavos libres, fortaleció las extremas condiciones de privación que experimentaron estos *culíes*.

Con respecto a su distribución, entre 5.000 y 10.000 participaron en la construcción de ferrocarriles, y unos 80.000 fueron trasladados a las plantaciones azucareras y algodoneras en la costa. Hubo también sirvientes domésticos, artesanos y trabajadores no especializados (Hu-DeHart, "Opio y control social" 32). Las plantaciones y las minas de guano absorbían la mayor parte de los *culíes*. El sol ardiente, la alta humedad, la inexistencia de agua fresca y de vegetación ya hacían su vida insoportable, pero el trabajo y los tratos eran aún más arduos. Varios capitanes de barcos norteamericanos informaron que en las islas Chinchas y Guañape, muchos *culíes*, demasiado débiles para trabajar parados, fueron obligados a laborar arrodillados, sacando piedras pequeñas del guano (Chou 63–64). Frente a la imposibilidad de comunicarse por el desconocimiento del idioma, la alimentación deficiente, el atropello y el trato inhumano de sus empleadores, muchos de éstos vieron el suicidio como una solución a su situación desesperada:

> Los malos tratos y las humillaciones empujaron al suicidio a muchos chinos de las islas guaneras y de las haciendas, ya sea ahorcándose o ingiriendo una sobredosis de opio. Ellos creían que dejando ese infierno terrestre iban a renacer en China. Los hacendados querían evitar esas muertes embarazosas y con el fin de desalentar los suicidios, obligaban a los otros chinos a quemar el cadáver con el propósito de impedir la "resurrección" tan deseada. (Lausent-Herrera 996)

Otros optaron por la fuga. Fue tan grave y común la huida que cada hacienda disponía de cinco a diez hombres de confianza para buscar a los chinos cimarrones, o sea, chinos fugitivos que se escapaban de su cautiverio. Aparte del suicidio y cimarronaje, había chinos que utilizaron los tumultos y las rebeliones como forma de resistencia. La mayor rebelión sucedió en septiembre de 1870, y en ella participaron entre 1.200 y 1.500 chinos con la cara pintada de rojo y azul. Pero la multitud rebelde, poco organizada, terminó en un desbande generalizado al ser rechazada por una serie de andanadas de fusilerías. Muchos fueron perseguidos y ejecutados (Arona 97).

A partir de 1874, debido a la suspensión de la introducción de *culíes* y a la caída del precio del azúcar en el mercado internacional, la economía peruana sufrió una grave recesión. En consecuencia, la explotación de los *culíes* se intensificó y surgieron varios movimientos tumultuosos de chinos, que fueron reprimidos de forma sangrienta, inclusive con la fuerza militar. El movimiento de resistencia de mayor dimensión de estos trabajadores fue tal vez su participación en la Guerra del Pacífico, en apoyo de la tropa expedicionaria chilena en 1880 y 1881.

Después de que se cumplieran sus contratos, casi no hubo *culíes* que retornaran a China. En 1869, un buen número de chinos en Lima ya se dedicaban a varios tipos de negocios. Terminado el contrato con la hacienda, los trabajadores empezaron a abrir pequeños negocios en sus alrededores, teniendo como clientes a sus compatriotas. Otros se dedicaron a ejercer las ocupaciones tradicionales de la ciudad, como los oficios artesanales, el comercio ambulante, el servicio doméstico, los pequeños negocios anticuarios, las fondas, los servicios de peluquería, lavandería, etc. Todos estos trabajos que se iniciaban con una pequeña inversión de capital pasaron a ser considerados las ocupaciones tradicionales de los chinos a fines del siglo XIX.

Como se puede observar, la presencia de los chinos que ingresaron al Perú como fuerza de trabajo no sólo reforzó el carácter híbrido de Lima, sino que también aportó al devenir de la cultura peruana. En la gastronomía, por ejemplo, desde hace más de setenta años la comida china está muy presente entre los peruanos. Los peruanos estuvieron en contacto con la culinaria china entre 1850 y 1900, cuando los *culíes* se integraron a la servidumbre doméstica. Otra forma en que los chinos contribuyeron en la transmisión de los sabores, olores y texturas de su gastronomía ha sido a través de las fondas, pequeños restaurantes populares que desde el siglo XIX lograron una notable popularidad en la sociedad peruana. En esas fondas, los chinos crearon platos que combinaban ciertas características de la comida peruana con la china. Más tarde, para denominar al restaurante chino se utilizaba el término *chifán* o *chifa*, que en chino *chi* quiere decir "comer" y *fán* o *fa*, "arroz" (Rodríguez Pastor, "Perú" 125–26). En el aspecto comercial, los comerciantes chinos introdujeron la "yapa," una estrategia para atraer y conservar una clientela cautiva, que consiste en "un pequeño agregado que no se cobraba, así como modestos obsequios por las compras, como un dulce para los niños" (Lock Reyna 135).

En la literatura existen varios escritores de ascendencia china. Sólo por mencionar algunos están Pedro Salvino Zulen, A. Kuan Veng, Eugenio Chang-Rodríguez, Mario Wong, Mario Choy Novoa, Julio Villanueva Chang y Julia Wong Kcomt, cuyas obras, instaladas en los intersticios culturales y lingüísticos surgidos en el encuentro e interacción de diversas culturas, suponen un esfuerzo por presentar su experiencia vital, por recuperar el poder del lenguaje para distanciarse de la representación que otros han hecho de ellos, y mediante la cual sus identidades multiculturales han sido tradicionalmente censuradas, denigradas, criticadas, estereotipadas o marginadas.

A. Kuan Veng, al igual que Siu Kam Wen, pertenece a la primera generación del inmigrante chino en el Perú. Nació en China de padres chinos, y es autor del libro *Mey Shut (Poemas en prosa)* publicado en 1900. El poemario es prologado por el destacado periodista peruano Óscar Miró Quesada y elogiado a su vez por José Gálvez, José Santos Chocano y Francisco Villaespesa. Teniendo como base las ideas filosóficas de Confucio, Mencio y budismo, el autor reflexiona sobre temas como la sencillez, el amor, la idealidad, la compasión, la justicia y el altruismo. En el prólogo, el periodista peruano comenta lo siguiente:

> Su alma de artista parte de las sensaciones del mundo objetivo: el crepúsculo, la noche, los jardines, la luna; pero su mente no es esclava de la percepción, muy pronto deja el mundo de lo real, se eleva al mundo del espíritu y sobre los perfiles de las cosas teje el manto ideológico de su doctrina de bondad y de amor. (Miró Quesada s.p.)

La filosofía confuciana es muy importante en la sociedad china y en la formación de la identidad de los chinos antes de su desplazamiento al Nuevo Mundo. En China, el confucianismo ha sido preocupación de muchas personas educadas. Derk Bodde observa que entre los chinos las ideas y actividades religiosas no constituyen una parte muy importante de la vida. Es la ética, y no la religión, por lo menos no la religión de un tipo formal y organizado, la que está en la base espiritual de la civilización china (293). Casi todas las escuelas de filosofía china se ocupan directa o indirectamente de las funciones diarias de las relaciones humanas y no del infierno y del paraíso; de la vida presente de los seres humanos, y no de su vida en un mundo por venir. La filosofía china, en contraste con la

Occidental, no era nunca un modelo de ideas que se exhibía para la comprensión humana, sino un sistema de preceptos de conducta. Los poemas de Kuan Veng se expresan con ejemplos concretos y aforismos las reglas de comportamiento, como podemos ver en el siguiente poema "Infantil":

> En torno mío danza un grupo bello de traviesos niños: danzan ceñidos de las manos en un apretón fraterno: aun en sus corazones no germina la disociadora semilla que divide a los hombres en absurdas clases sociales [...]
>
> Los otros, más artistas, imitan la voz y los gestos de los grandes actores, o recitan las graves y profundas sentencias que aprendieron en LOS CUATRO LIBROS SAGRADOS....

Al comentar el aspecto transculturador de este escritor, el uso del idioma español en conjunción con las ideas originadas de la filosofía china, Miró Quesada constata que: "Su mentalidad es compleja. El alma de su raza emana su perfume ancestral a través de las complicaciones del occidentalismo: las delicadezas del asiático se armonizan con los refinamientos del europeo" (s.p.). De acuerdo a Francisco Villaespesa, el poemario de Kuan Veng forma parte de la vanguardia peruana y su obra significa la identificación de este poeta con el espíritu peruano, sin perder sus rasgos étnicos. Asimismo, el Oriente deja de ser un agente pasivo en la construcción de la identidad nacional; se trata de insertar lo propio en el ámbito hegemónico dominante mostrando las posibilidades alternativas en el campo de la creación:

> Kuan Veng sabrá trasfundir a las frívolas y bárbaras inquietudes materiales del momento, la augusta serenidad, el sentir hondo y puro y el pensar alto y claro, que son las eternas y supremas virtudes de su raza [...] El oriente nos tiende su puente de luz y de ensueño, a través de las páginas de este libro, para consolarnos de todas las fatigas y de todos los sobresaltos de una vida mutilada que no siente ni comprende otros ideales que la bárbara glorificación del músculo y la exaltación enfermiza de los nervios [...]. (Villaespesa s.p.)

Esta obra responde a un proyecto de vida de su autor. Los temas tratados en este poemario están bañados de nostalgias y añoranzas. El uso del idioma español es una muestra de su incorporación e inserción en la sociedad peruana. Se trata de una obra motivada por el deseo de recuperar el pasado y recorrer los lugares lejanos e insertarlos en el contexto peruano. Su memoria, entonces, se convierte en una construcción interpretativa y subjetiva de una realidad histórico-social. Es un proyecto individual de la propia conciencia haciendo historia de los aspectos cotidianos y anecdóticos de su vida.

De forma similar pero en el siglo XXI, Julio Villanueva Chang, periodista y escritor, nos presenta en su obra *Un extraterrestre en la cocina [y otras crónicas]* (2007), una recopilación de sus crónicas, un reajuste de valores, una conciliación de herencia, un intento de comprensión hacia el pasado y, finalmente, una afirmación de su etnicidad chino-peruana, como se puede ver en el siguiente fragmento "Carta a mi abuelo chino":

> Acabas de cumplir cien años, Chang Ton, y este nieto ingrato recién se ha atrevido a escribirte. No sé si sabes que no ha sido siempre un premio llevar tu apellido: en mi escuela y en mi barrio, "chino" era un insulto. Durante diez años de mi vida, no quise serlo. Abría mis ojos más de la cuenta y no tardé en convertirme en un chino de ojos grandes [...]. Más de la mitad de los que me conocen no sabrá distinguir entre un japonés y un chino, y, para casi todos, un coreano, un tailandés y un vietnamita serán más de lo mismo. No los culpo, abuelo: más allá de unos ojos rasgados, en todas partes ignoramos lo propio como lo ajeno. [...] He traicionado tu herencia: nunca aprendí a escribir en chino y, lo que es peor, hasta hoy no sé bien comer con palitos. Si te consuela saberlo, puedo escribir con decencia en español. (9–11)

En esta cita se evidencia por un lado, la situación dramática que viven los descendientes, generación que perdía su identidad ancestral, consecuencia de una experiencia histórica marcada por el maltrato, la discriminación y la exclusión; por otro, una corriente de revisión que busca en los ancestros el ejemplo positivo en la que la formación individual y social se correlacionan para fortalecer la apreciación del individuo como miembro de la comunidad.

Remitiendo al contacto intercultural, Julia Wong Kcomt, hija de migrantes chinos, crea en su narrativa transcultural su experiencia vital. En *Bocetos para un cuadro de familia* (2008), nos revela la historia de una familia de inmigrantes chinos en la provincia de Chepén, Perú. Vemos en esta obra un lenguaje poblado de detalles y reminiscencias que nos transportan a tiempos y vivencias fragmentadas. La memoria es el fundamento de la narración. El personaje-narrador, María Inés, una china-peruana, narra desde dentro su propia historia para volver a revivir parte de su vida que convierte en materia de arte. El texto abarca la temporalidad del pasado, desde la perspectiva de su presente. Esta doble concepción del tiempo obedece a la visión epistemológica del narrador que recuerda algunos momentos de su vida, la muerte de su abuelo, guardián de las tradiciones culturales chinas, que cimentó la base de su individualidad y subjetividad. La historia de su vida y la de su familia la presenta de forma tan natural que el componente chino no parece como algo extranjerizante sino familiar.

Además de su novela, en el poema titulado "Sobre la igualdad," también se presencia la reafirmación de su individualidad y de su pasado cultural lejano:

> En el círculo, dulce círculo
> de inmortalidad intensa
> dónde ha quedado mi lejano país chino
> el gran país de todos
> donde no se repiten las caras
> las voces son como un tambor que cambia la dirección de un río
> [................................]
> la mirada occidental
> siembra sus intenciones
> ellos quieren llenar
> la vacuidad china
> con odio y desastres
>
> (*Un salmón ciego* 59–60)

En este poema, la falta de signos de puntuación y mayúsculas se erige como una forma de resistencia ante la norma purista en el uso del lenguaje. Los inmigrantes se enfrentan a una sociedad prejuiciosa y discriminatoria. Inmigrantes y descendientes se convierten en una clase marginada. Entre dos mundos, vive de imágenes idealizadas, mirando con prismas magnificados lo que quedó atrás, pero tratando de adaptarse a una vida que, al parecer, no será completamente suya. Y es la segunda generación la que mejor percibe ese desplazamiento. El discurso pone de relieve el problema de la discriminación racial, pero también el de la crianza y socialización de individuos que no consiguen asimilarse ni participar plenamente en la integración nacional.

## La presencia de los chinos en México

Al igual que el Perú, la presencia de los chinos en México se remota al periodo colonial. Los chinos llegaron a Acapulco a medida que el comercio seda-plata se iba estableciendo a finales del siglo XVI y principios del XVII (Haring 212). De hecho, el erudito criollo Carlos de Sigüenza y Góngora utilizó en su obra narrativa *Los infortunios de Alonso Ramírez* a los personajes chinos Francisco de la Cruz y Antonio González para reflejar el acontecer de la colonia, ya que durante esta época, los chinos entraron a México como: "Personal servants of Spanish merchants from the Philippines. [...] Chinese immigrants of colonial Mexico earned their living as tradesmen, barbers, and shopkeepers, and often resided in segregated quarters in the periphery of the city" (Romero 12). Aunque la inmigración china había empezado en el siglo XVII, la corriente migratoria que alcanzó mayor importancia ocurrió a finales del siglo XIX. En contraste con los trabajadores chinos que llegaron como mano de obra contratada a los países mencionados, Cuba y Perú, los chinos arribados a México correspondieron a la inmigración libre. Durante la época de Porfiriato (1876–1911), el periodo en el que el poder estuvo bajo control de Porfirio Díaz, desarrollar, poblar y trabajar tierras baldías ocupó un lugar predominante en su política de modernización. Este proyecto se apoyaba en la idea de que la población era escasa ante la existencia de grandes extensiones de tierras fértiles (Cardiel Marín 195; Romero 25). En relación a esta idea y en base a la filosofía positivista, Porfirio Díaz buscaba blanquear la población, puesto que los chinos "even though it fell short of being white, could help dilute Mexico's indigenous and mestizo population" (Schiavone Camacho 12). En 1899, México propuso a China firmar un convenio comercial para introducir trabajadores chinos, el Tratado de amistad, comercio y navegación entre los Estados Unidos de México y el Imperio de China. El periodo entre 1902 y 1921 marcó el auge de la emigración china a México. Llegaron unos 40.000 a 50.000 trabajadores chinos a México. Entre los llegados, unos 3.000 fueron a Oaxaca para la construcción de carreteras; unos 14.000 fueron a las minas de cobre de Sonora y el tramo del Pacífico Sur de la construcción ferroviaria. Hubo aproximadamente unos 6.000 que fueron a las plantaciones de cáñamo y unos 7.000 fueron a las plantaciones algodoneras en Mexicali (Chou 14–15).

Como podemos ver en los números de chinos que llegaron a México, muchos se concentraron principalmente en la provincia de Sonora. En 1910, la colonia china de esta provincia ya era la más numerosa, e inclusive, sobrepasaba a la norteamericana. La segunda colonia más importante se encontraba en el estado de Sinaloa. A comienzos del siglo XX, los chinos ya se habían consolidado como la burguesía comercial. En ambos estados, para 1915, los comerciantes chinos, al igual que sus compatriotas en Panamá, Cuba y Perú, casi monopolizaron el pequeño comercio, sobre todo en los sectores de almacenes y tiendas de productos orientales (Jacques 14). Buena parte de las actividades económicas de los dos estados estaba bajo el control de los chinos. Lograron crear una red de producción, compra, suministro y distribución entre ellos mismos, un sistema cerrado que se transformó en la primera infraestructura comercial de México (Hu-DeHart, "México inmigrantes" 54).

Debido a los logros económicos de muchos migrantes chinos, antes de la Revolución Mexicana, circulaba en las calles de Sonora un epigrama que expresaba el resentimiento de muchos mexicanos hacia empresarios extranjeros: "The Americans do all the big business, the Chinese do all the little business and we Mexicans hold office and shout Viva!" (Jacques 15). Curiosamente, durante los años turbulentos de la Revolución Mexicana, los comerciantes chinos no solamente pudieron sobrevivir a la guerra, sino que también progresaron de forma estable. Esto se debe a que en primer lugar, esa perturbación política demoró el aparecimiento de pequeños comercios mexicanos; segundo, el papel imparcial de los chinos les permitió conservar buenas relaciones con ambas partidas beligerantes. A pesar de numerosos ataques a las personas y las propiedades, de 1910 a 1916 aproximadamente 1.000 chinos fueron asesinados por revolucionarios de varias facciones en Sonora (Hu-DeHart, "México inmigrantes" 54; Chou 18; Lock Reyna 133; Schiavone Camacho 40). La habilidad de los chinos para sobrevivir y prosperar en medio de tal alteración del orden consolidó todavía más su posición en la economía local, pero al mismo tiempo profundizó el resentimiento de los mexicanos.

En la década de 1920, influido por la Ley de Exclusión de los Chinos en 1922 establecida en los Estados Unidos y otros países del mundo donde prohibía la entrada de trabajadores chinos, México adoptó medidas restrictivas contra los chinos.

A raíz de esa política, ocurrieron a lo largo de México numerosos movimientos antichinos. Los antichinistas "bred hatred through a highly racialized and gendered polemics [...] by invoking images of invasion and domination by a dangerous and alien force" (Schiavone Camacho 43). La organización Pro Patria encabezada por el comerciante José María Arana era abiertamente racista y atrajo a numerosos seguidores de la clase trabajadora. En 1917, la organización de Arana proclamaba en un artículo periodístico de opinión lo siguiente:

> El mejoramiento de las razas es el ideal supremo de todas las naciones civilizadas, por eso, si los chinos están corrompiendo nuestra raza tenemos que restringirlos. Los chinos producen en las ciudades el mismo efecto que la langosta tiene sobre las cosechas: las destruyen. El mexicano que defiende a los chinos en detrimento del bien nacional es un traidor a su país. (Hu-DeHart, "México inmigrantes" 72)

A partir de 1916 se aprobaron toda clase de ordenanzas locales y estatales destinadas especialmente a los chinos con el propósito de hacerles la vida imposible y los negocios poco rentables. Algunos de esos reglamentos fueron los siguientes: aumentar los impuestos municipales a las tiendas propiedad de chinos, ordenar a los chinos que dejaran de vender carnes, frutas, hortalizas y de tener lavanderías. En 1920, se propuso un reglamento que prohibía el matrimonio mixto chino-mexicano en Sonora y limitaba su residencia a algunas zonas preestablecidas (Hu-DeHart, "México inmigrantes" 71; Chou 19; Schiavone Camacho 48–49). Las acciones antichinas comenzaron en la década de 1920 y llegaron a su auge en la década siguiente, al comienzo de la depresión mundial. Culminaron con la expulsión forzada y obligada de miles de chinos. Lo que había comenzado como un problema rigurosamente local se popularizó y alcanzó un carácter nacional.

Aunque en los siglos XIX y XX los inmigrantes chinos se establecieron en todos los países de América Latina y el Caribe y en todas partes fueron triunfantes tenderos, solamente en Sonora se convirtieron en pequeña burguesía donde tuvieron dominio del comercio minorista. Asimismo, en ningún otro lugar tuvieron que hacer frente a tantas persecuciones que culminaron con la expulsión y la devastadora pérdida de propiedades (Hu-DeHart, "México inmigrantes" 76; Lock Reyna 134). No obstante, en este proceso la inmigración china tuvo un papel preponderante y se ha incorporado y asimilado para restablecer su presencia en la historia y la sociedad mexicana. Si bien la mano de obra se ha expandido hacia la sociedad civil de México, también la comida y los capacidades empresariales han enriquecido de alguna manera la diversidad cultural mexicana.

En el campo comercial, la introducción de la noción del "pilón," que proviene de la palabra *piloncito* indicando azúcar morena que se vende en panes cónicos, refleja la importancia de la presencia china en la historia de Sonora. El pilón es una metáfora para indicar "un detalle": "Chinese business owners regularly gave to their customers [...a] small gift with a purchase" (Schiavone Camacho 29). En el ámbito literario, aparte de Óscar Wong, sólo hemos podido encontrar dos escritores mexicanos de ascendencia china: Armando Chong y Selfa Chew. Armando Chong publicó en 1995 *Bitácora de ausencias*. Este poemario está dividido en tres secciones: "Bitácora de ausencia," "Razón terrena," y "Apuntes vespertinos." *Bitácora de ausencias* es la crónica de un viaje con destino inalcanzable, con nostalgias de tierra y ecos de ausencia, y sentimiento de otredad. En este viaje no queda más remedio que ir reinventando en la memoria los sitios, las fechas, los templos, los olivos y las leyendas:

> XII
> Los hundimientos
> que ordenan el éxodo del Atlántida
> y su condición de forastero en cualquier parte del orbe
> guarecido en el subterfugio
> que conforma su sueño imposible del regreso
> porque no queda pueblo en pie sobre los mares
> patria firme para asir la vuelta del exilio
> madretumba donde descansar los huesos del caído
> [.......................................]
> No queda más que ir
> reinventando en la memoria
> los sitios
>         las fechas
>                 los objetos
> reinventar
> los vinos          las columnas
> las túnicas        los toros
> los templos        los olivos

rememorar
los juegos — los rituales
los senderos — las batallas
las leyendas — las cosechas

(*Bitácora de ausencias* 33)

El mar, la tierra y los viajes constituyen espacios en el imaginario vivencial, son lugares de la memoria colectiva en los que se tejieron historias, vidas y experiencias de los grupos desarraigados. Una subjetividad en desplazamiento, cuyos valores serían difíciles de localizar en uno u otro mundo. El inmigrante pareciera convertirse en una figura en desplazamiento emocional continuo a través de los recuerdos. Condenado a vivir en las fisuras de mundos diferentes, vive de imágenes, mirando con nostalgia y añoranza lo que quedó atrás, pero es imposible retornar a una existencia que al parecer no será plenamente suya.

Desde una perspectiva transcultural, la obra de la escritora Selfa Chew constituye un reclamo de autodefinir su propia identidad e imponer sus propias definiciones, como podemos ver en la siguiente entrevista: "Crecí clasificada como china (en la escuela, en el vecindario, en el camión, en la oficina de inmigración), no como mexicana. Cuando viví en California recibí la misma clasificación, no se me consideraba mexicana o latina o hispana, sino asiática" ("El idioma secreto"). En el siguiente poema, "Chio Sam," vemos la concepción que posee la autora sobre su herencia ancestral:

Dice mi madre que no es posible
que yo recuerde el olor a pan
ni el bambú sosteniendo el vapor que se escapaba
de la cocina de mi abuelo.
No es posible que recuerde su canto en cantonés
en su mirada delgada y orgullosa
en su bastón y sus zapatos quietos.
[.......................................]
Veo la penumbra y sus palabras cortas
como las galletas adivinas
que ahora dan en restaurantes chinos
y que mi abuelo no supo ganarían algunos clientes
y una expectativa más
de lo que debemos ser o dar los orientales.
[.......................................]
Pero mi madre dice es imposible
que yo entendiera los avisos de mi abuelo:

yo no hablaba aún y él
sólo cantaba cantonés. (Web)

Para Chew, el uso del español representa parte de una estrategia poética: "es el cantonés disfrazado de castellano, un idioma privado y exclusivo de ella" ("El idioma secreto"). A partir de la memoria de "el bambú," "la cocina" del abuelo, "restaurantes chinos," "galletas divinas," "los orientales," el "cantonés," todo ello aunado al origen de la identidad diversa, la voz poética eleva la historia individual a la social, por lo que es una especie de reclamo de identidad.

## La presencia de los chinos en Panamá

A diferencia de otros países de América Latina y el Caribe, Panamá nunca tuvo grandes plantaciones ni fue conocido por su desarrollo agrícola o por alguna exportación específica. El país destacó más bien por su geografía y ubicación. De manera que a diferencia de lo ocurrido en Perú, Cuba y México, la contratación de mano de obra china no sucedió sino hasta finales del siglo XIX. Fue durante el auge de la producción bananera y la construcción del canal francés, seguida por la del canal estadounidense, cuando se produjo la incorporación de los chinos.

Lo especialmente destacable de estos movimientos migratorios de los chinos hacia Panamá es que mientras algunos llegaron directamente desde China continental, un número significativo se trasladó desde diferentes partes de las Américas y el Caribe, particularmente desde Perú, Jamaica, Guayana Británica, Nicaragua, así como de otras partes del mundo. Comenzando en la década de 1850 y debido a la existencia de políticas migratorias restrictivas, el flujo de chinos hacia Panamá ha sido más o menos continuo, si bien los volúmenes han fluctuado de acuerdo con las circunstancias políticas (L. Siu 83).

Desde el momento de su llegada, estos inmigrantes fueron ubicados en diversos pueblos a lo largo de la línea donde se construía el ferrocarril. Su suerte en Panamá no fue distinta a la del Perú o Cuba. Los malos tratos empujaban a los chinos que trabajaban en la construcción de ferrocarriles a protagonizar episodios muy dramáticos en las tierras panameñas ya que muchos de ellos terminaron su existencia de manera trágica. Colgarse de los árboles con su trenza atada fue el suicidio más común. Algunos se tiraron sobre la punta de sus machetes; otros afilaron extremos de palos y se los metieron en el cuello. Muchos otros ataron piedras a su ropa y se lanzaron a los ríos (Mon 80; L. Siu 86). El drama provocó una gran curiosidad por el concepto de vida de los chinos: "Nadie sabe con certeza el por qué los culíes chinos llegan al extremo de su propia destrucción. Para algunos estudiosos, tal actitud responde al 'carácter chino' que los impulsa a poner fin a su existencia, cuando se les impone un castigo o han sido víctima de una injuria" (Chong Ruiz 26). Una gran mayoría de chinos perdieron la vida en esas faenas y muy pocos lograron volver a su patria. Se dice que el número de chinos que perecieron era más alto que los maderos que se atraviesan en la vía férrea, y hasta hubo un lugar cerca de la construcción ferroviaria llamado "Matachinos" o "Mata Chinos" (Mon 80).

Al finalizar el siglo XIX, Panamá cuenta con una población china de aproximadamente 3.000 habitantes. Esta cifra fue el resultado de una corriente migratoria progresiva e ininterrumpida que perduró unos cincuenta años (Mon 83). Durante el periodo que siguió la Segunda Guerra Mundial, a causa de la guerra sino-japonesa, la comunidad china de Panamá se acomodó dentro de la sociedad panameña, y los descendientes de los primeros inmigrantes, segunda y tercera generación, eligieron dedicarse no sólo al comercio sino a profesiones liberales y abrirse a la influencia de la sociedad panameña. Así aumentó la asimilación a través de matrimonios mixtos y la participación activa en los quehaceres sociales y políticos de Panamá.

La presencia china es particularmente pronunciada en la ciudad de Panamá. Según Roberpierce C. A. Villar, "desde su llegada al Istmo ha sido y sigue siendo uno de los grupos humanos que más han incorporado a la cultural panameña" (10). Se estima que existen más de cien mil chinos en todo el territorio panameño. El 70 por ciento de éstos residen en la ciudad de Panamá (Chong Ruiz 150). Dos de las contribuciones más considerables que han hecho los chinos a Panamá son la mano de obra para la construcción del ferrocarril y el espíritu empresarial que los chinos han traído para acercar a Panamá los mercados mundiales: "Las amplias redes organizadas por los chinos facilitan el movimiento de bienes y servicios en áreas muy vastas y variadas. Estas redes se han convertido en los conductos que sustentan el país en la medida en que hacen posible los flujos e intercambios a lo largo y ancho de Panamá y entre el istmo y Asia" (L. Siu 87). A principios del siglo XX, los comerciantes chinos lograron monopolizar los establecimientos de abarrotes, y en Panamá la expresión "ir donde el chino," que quiere decir "ir a comprar a la tienda de la esquina" (Lock Reyna 130), indica la centralización de este grupo étnico en esta actividad económica. A parte de eso, la comida china en toda sus variedades y estilos se ha convertido en uno de los aportes mejor recibidos de la cultura china. Hay restaurantes chinos en todo Panamá. Al igual que las tienditas, se las puede encontrar en los centros urbanos así como en pequeñas ciudades y poblados.

En el campo de la literatura, se encuentran varios escritores de ascendencia china que utilizan el espacio literario para articular la interacción y el diálogo entre lo uno y lo diverso como reflejo de una sociedad multicultural y multirracial como es Panamá. Luis Wong Vega, autor de cuatro poemarios—*En la esquina del corazón* (1979); *Letters and Flowers* (1989), *Sueños cóncavos* (1990) y *Por los campos rojos de Marte* (1994)—busca nuevas maneras de crear sus versos y estrofas. En el poema "Memoria" la voz poética deja entrever una historia conflictiva:

> Memoria
> nombres devolviéndose
> la extraña caligrafía de la noche
> desdibuja el camino de las penas
> signos muertos como mil guitarras
> extienden su gesto
> su lamento
> [......................................]
> cuando contra todos los tiempos algo nos hiere
> y nos devuelve nombres que repetir para dentro
> preguntas para que se aferre el corazón
> cuando mutan los tiempos mudos
> eso tan pequeño y necesario como el amor
> la esencia del alma esparcida sobre el piso
> deteniéndose a vuelta de las páginas
> en el capítulo próximo de la vida
>
> (*Sueños cóncavos* s.p.)

La connotación histórica aunada al sentir personal "no sé cuánto perdí ni cómo," es un reclamo de identidad. "Los tiempos mudos" son como las "preguntas," "la extraña caligrafía" se relaciona con el "amor," "el corazón" y conforman realidades de la voz poética.

La memoria de "nombres" de "la extraña caligrafía" muestra una conciencia clara de la historia de migraciones y movimientos que componen no sólo el Istmo sino toda la América.

César Young Núñez, poeta y ensayista conocido por su humor, publicó *Poemas de rutina* en 1967, luego *Instrucciones para ángeles* (1972); *Cartas a Blancanieves* (1976); *Poesía mía que estás en los cielos* (1991); y *Poesía mía que estás en los cielos y otros poemas* (1991). En el poema "Filosofía antigua" es una muestra de su humor y creatividad:

> Entre el Ser y el No Ser
> Escojo
> la
> Y
> Griega.
>
> (*Cartas a Blancanieves* 55)

En su poemario *Poemas de rutina* (1967), César Young Núñez, "ese chinito bajito, esa especie de mini-buda caminante" (Popic, "Antiprólogo" 9), comenta que escribe porque:

> He vivido mucho tiempo en Creta, por eso no me llevo muy bien con los cretinos. Mis poemas de rutina son fugaces relatos que he ido escribiendo por el mundo boquiabierto o boquicerrado, o simplemente boqui-boqui. Darse plomo a uno mismo no tiene ninguna gracia, puede ser que la gracia sea una des-gracia. Como yo los eché al mundo me puedo permitir decir que mi poesía es más bonita que la hija del vecino, y que ya hasta dice papá y mamá [...]. A la poesía panameña, por tanto tiempo empantada en una temática de falsa trascendencia y en un lenguaje supuestamente poético, le hacía falta cierta dosis de risa al igual que un modo de expresión más a tono con el "lenguaje usado realmente por los hombres." (Young Núñez, *Poemas de rutina* 10–11)

El poeta panameño lleva a cabo desde la periferia su programa literario. Su rompimiento con la poesía canónica literaria, le otorga un espacio alternativo y divergente que le permite autolocalizar en dicho espacio.

El escritor chino-panameño Eustorgio Chong Ruiz empezó a escribir en los albores de la década de los sesenta. Publicó varios cuentos, poemarios, teatros y ensayos. Entre sus libros destacan el ensayo *Los chinos en la sociedad panameña* (1993) y varios libros de cuentos, como *Del mar y la selva* (1962), *Techumbres, guijarros y pueblo* (1967), obra premiada en el Concurso Literario Ricardo Miró de 1964, *Diario de una noche de camino* (1987) y *El cazador de alforja* (2001). En *Los chinos en la sociedad panameña*, Chong Ruiz presenta el impacto del fenómeno migratorio chino en la forja de la nación panameña. El texto testimonia la resistencia a la aculturación y la lucha a la asimilación de este grupo étnico. Las migraciones chinas muestran cómo el encuentro con la cultura panameña ha alterado la visión de otredad y, al mismo tiempo, la identidad del sujeto. En relación con esta visión de "otredad," sus obras exploran el papel del intelectual y su relación con las clases marginales. Es una voz que habla desde el terreno de la otredad. Asimismo, el autor se apropia del mundo rural en sus obras. Dicha apropiación es una operación constante que busca investir el espacio inmediato de rasgos identitarios y culturales vividos.

Como podemos ver, a diferencia de la migración europea, la de origen chino, en general marcada por el sufrimiento, los estigmas y la incomprensión, no fue apetecida ya que no coincidía con el ideario étnico al que aspiraban los políticos y las élites de las sociedades de América Latina de los siglos XIX y XX. Experimentó el rechazo y la discriminación en la mayor parte de los países en que se insertó, y en algunos de ellos fue expulsada explícitamente mediante sus legislaciones. No obstante, con la diversificación de sus actividades y su inserción paulatina en distintos ámbitos, que generalmente ocurre de una generación a otra, los inmigrantes chinos y sus descendientes empezaron a hacer contribuciones en los lugares en que se asentaron. Los aportes de las poblaciones de este grupo étnico pueden ser observados, por ejemplo, tanto en el área culinaria de la mayor parte de los países de América Latina como en su producción artística y científica; tanto en la introducción de técnicas y especies agrícolas como en los valores del ahorro, disciplina y laboriosidad para la empresa. Se advierte también en la inversión como la formación de profesionales que sirven en sus países en la incorporación de disciplinas deportivas y en la difusión de su práctica, etc.

Finalmente, en relación a lo anterior, sería pertinente preguntar entonces ¿cuáles son las repercusiones de esta experiencia histórica en los escritores chino-latinoamericanos en general? Los textos literarios de muchos escritores sino-latinoamericanos exploran cuestiones de identidad cultural a partir del conflicto surgido de la interacción cultural. Son textos que intentan reflejar la transculturación no sólo co mo un suceso cultural, sino también como una condición problemática situando a estos sujetos en un lugar marginal con respecto a los códigos, las leyes, las costumbres y las tradiciones de la cultura dominante y las normas y los discursos de la sociedad a la que supuestamente pertenecen. Así, una lectura de estas obras dentro del contexto histórico en el que manan sobrelleva una complicada negociación ontológica que propone un sentido de identidad móvil e inestable forjado desde elementos heterogéneos. La transculturación se convierte, de este modo, en un hecho inevitable que no solamente imprime los valores de las identidades que llevan consigo los inmigrantes chinos a las culturas receptoras, sino que también remoldea el devenir cultural de los países adoptivos.

## Capítulo dos

# Regino Pedroso

## Resistencia y auto-orientalismo

El poeta Regino Pedroso (1896–1983), autodidacta, hijo de chino y de africana, nació en Unión de Reyes, Matanzas, Cuba, en 1896. Asistió a la escuela pública hasta los ocho años de edad y en 1909 se vio obligado a trabajar en diferentes oficios: en talleres de ferrocarriles, plantaciones de caña y fábricas de azúcar. Estos primeros años de experiencia fueron decisivos en la configuración de sus ideologías relacionadas con la raza y la clase social, y marcaron profundamente su carrera como escritor. En 1918, se traslada a La Habana donde trabaja como herrero, carpintero, mecánico, etc. Al mismo tiempo, acude con frecuencia a las tertulias literarias donde conoce a varios poetas vanguardistas, como Rubén Martínez Villena, Félix Pita Rodríguez y Nicolás Guillén, entre otros.

De su producción literaria se puede decir que en 1923, influenciado por el exoticismo, el refinamiento y la delicadeza del modernismo, publica *La ruta de Bagdad y otros poemas* de estilo preciosista. Entre 1921 y 1926, se aleja de la estética modernista y publica *Las canciones de ayer*. A partir de 1928 participa enérgicamente en diversas actividades políticas en Cuba. Cinco años después, publica clandestinamente el poemario *Nosotros*. En 1934, trabaja como redactor en *Ahora* que más tarde será *La Palabra*, periódico oficial del Partido Comunista de Cuba. Formó también parte del consejo de dirección de la revista *Masas*, auspiciada por la organización de La Liga Antiimperialista de Cuba. En 1935, fue condenado a seis meses de prisión por razones políticas. En 1939, obtuvo el Premio Nacional de Poesía de la Secretaria de Educación con la publicación del poemario *Más allá canta el mar*. En 1955, publica su último libro de poemas, *El ciruelo de Yuan Pei Fu*. En 1959, tras el triunfo de la Revolución Cubana, fue nombrado Consejero Cultural de la Embajada de Cuba en México. Posteriormente, en 1962 trabajó como consejero cultural de Cuba en la República Popular de China. En 1972 recibe homenaje en la Biblioteca Nacional "José Martí" y fallece en 1983 en La Habana.

Al estudiar la trayectoria literaria de Regino Pedroso, Nicolás Guillén comenta que existen tres "regino-pedrosos": el primer Regino Pedroso es "artificial y enjoyado," autor del poemario *La ruta de Bagdad*; el segundo Regino Pedroso es el poeta de *Nosotros*, "libro que abre el camino a la poesía social, o de la poesía social cubana"; finalmente, el tercer Regino Pedroso que es el chino, autor de *El ciruelo de Yuan Pei Fu* (429). El poeta chino-cubano alcanzó grandes reconocimientos en el mundo literario de Cuba con la publicación del poema "Salutación fraterna al taller mecánico" en 1927 en el suplemento literario del *Diario de la Marina*. Para Pedroso, el arte es una "manifestación suprema de la belleza" sólo y cuando "tiende a reflejar e interpretar angustias, ensueños, anhelos e inquietudes de grandes conjuntos humanos" (*Nosotros* 10). Presenta en el poema "Salutación" al obrero explotado, discriminado social y racialmente que, contra las adversidades de una vida difícil, se dedica al trabajo para ganar el sustento. De acuerdo al escritor y poeta cubano Osvaldo Navarro, la poesía revolucionaria cubana de la primera mitad del siglo XX está representada por tres poetas fundamentales: Manuel Navarro Luna, Regino Pedroso y Nicolás Guillén. Dentro de este grupo de intelectuales, Pedroso es el único que proviene de la clase proletaria: "Mientras una gran parte de aquéllos buscaba tenazmente un acercamiento a los problemas e ideas de la clase proletaria, éste desarrolla una lucha audaz por elevarse a los niveles más altos de la cultura" (Navarro, Prólogo, *Nosotros* x).

Paralelo al tema de la reivindicación de la clase obrera, Pedroso cultiva el tema de la raza, y en su segundo libro de poesía, *Canciones de ayer* (Órbita), vemos la inclusión de los componentes étnicos, chino y africano, en la elaboración de sus poemas. Este libro, producto de las influencias recibidas de la poesía posmodernista, está marcado por una búsqueda de la realidad que lo circunda, una profundización en los problemas del hombre oprimido y ninguneado por la sociedad. Todos estos poemas están permeados por una intensa angustia. Se produce la ansiedad de algo desconocido, que no se encuentra a su alrededor pero que sin embargo, presiente su existencia aún más allá de sus propios sentidos. La idea de lo inefable y lo inútil se repite en todo el poemario, como podemos ver en el siguiente poema "Prometeo":

¡Pesa sobre mi vida, lejana, una tristeza
de no sé cuántos siglos! No sé qué ley atávica,
igual que a Prometeo, vencido me encadena
a un dolor milenario como a la roca trágica

¿Refleja mi existencia pesares primitivos
que vienen de la oculta raigambre de mi raza?
¿De qué oscuro y remoto pasado que yo ignoro
llega a mi alma esta noche de angustia hereditaria?

¿Algún mi antepasado robóle el fuego al cielo?
¿De dónde mis tristezas e inquietudes amargas?
Pienso que en mí se cumple de un dios fatal castigo

que aún saciará en mi sangre futura su venganza…
Y estoy sobre la vida como el héroe titánico en la roca,
sintiendo deshechas mis entrañas.

(Órbita 77)

La figura de Prometeo representa el despertar de la conciencia y Pedroso se apropia de la figura del titán que robó el fuego a los dioses para expresar su más honda inquietud y su más íntimo anhelo. En el proceso de la concientización que es la toma de posesión del yo y del mundo, la realidad es estimulada por una experiencia interna que desenmascara la ausencia de algo. La angustia y la enajenación lo llevan a buscarse en sus antepasados para él desconocidos, perdidos en los rincones de la memoria.

Posteriormente, con la publicación de los poemarios *Nosotros* y *El ciruelo de Yuan Pei Fu* vemos una apropiación de la epistemología orientalista europea sometiéndola a un proceso de transculturación. De acuerdo al crítico López-Calvo en su libro *Imaging the Chinese in Cuban Literature and Culture* (2009), es un proceso de "Sinicization" (80) o auto-orientalización; es decir, Pedroso recrea en su escritura "an imagined Chinese ambiance by enumerating toponyms; names of people; and social figures such as mandarins, […], and objects associated with the Chinese" (85). Ante la necesidad comunicativa que siente el poeta de expresar sus sentimientos, sus anhelos y sus inquietudes, el orientalismo europeo se convierte en un vehículo ideal de expresión para alcanzar este propósito. Emplea de forma estratégica el auto-orientalismo para: "[…] [facilitate] the articulation of difference in ethnic and cultural terms by first and second generation Chinese Cubans and [allow], at least in Cuba, for the opening of alternative spaces where the construction of identities other than those prescribed by the state can take place" (Scherer 13). Mediante el uso de este proceso y un énfasis hasta entonces inusitado en la hibridez de sus ámbitos culturales, Pedroso propone nuevas maneras de entender y representar la faceta étnica, racial y socioeconómica de Cuba. Es un proceso de autorrepresentación y aún más de autoredefinición dentro del contexto de la subordinación y resistencia colonial. Se puede argüir que aunque Pedroso reproduce las visiones hegemónicas de Europa sobre el Oriente, se apropia de su esencialismo orientalista para representarse a sí mismo en respuesta a las representaciones hegemónicas o en diálogo con ellas. Es una visión simplista y calcada de ese otro exótico para re-orientar y no des-orientar a sus lectores. Transcultura y participa como agente activo en la elaboración del discurso orientalista; además, con ello, introduce elementos de la cultura china en la sociedad cubana. A través de sus poesías, Pedroso está, de alguna forma, redefiniendo, reconstruyendo y recreando la identidad cubana.

## *Nosotros*

Los poemas reunidos en *Nosotros*, que fueron escritos entre 1927 y 1933, están directamente referidos al obrero, a asuntos sociales y étnicos, en los que la lucha obrera, la colectividad, el antiimperialismo y la exaltación de la herencia africana y china son los temas principales. Para Nicolás Guillén, como ya mencionamos, el poeta chino-cubano, además de ser uno de los poetas más serios y profundos de la poética americana, es el que abre el camino a la poesía social cubana (8). Para Virgilio López Lemus, Pedroso representa "uno de los poetas que Cuba puede mostrar al mundo con legítimo orgullo, para verlo incorporado a la poesía elevada y profunda que nace en todas las zonas del plante. Su obra es universal y cubanísima, habla de luchas de clases y de bambúes con intensidad lírico-imaginativa" (15). Literatura, mestizaje e identidad se presentan así estrechamente vinculados al deseo de unificar lo cubano bajo un mismo signo. Es el mismo Pedroso quien brinda una pauta para interpretar su imaginario transculturador como un deseo que no se expresa desde la "ciudad letrada," más bien como una representación de la vida social cubana, vista desde los márgenes.

En las primeras páginas del libro está el prólogo titulado "Auto-bio-prólogo," dividido en pequeñas secciones. Pedroso sintetiza su vida e ideología de entonces. En el lugar de nacimiento, el poeta nos dice: "nací en [la] Provincia de Matanzas. Cuba. Pero puede decir, más dialécticamente, que he nacido en el mundo" (9). En la categoría de "Raza," el poeta pone: "Humana; pigmentación: negro-amarilla. (Sin otra mezcla)." Pedroso valora su herencia étnica y en su ensayo "Vida y sueño" recuerda a su madre como: "[...] una joven mujer negra de blancos dientes y ojos grandes muy vivos, que unas veces me acaricia y otras, irónicamente, me reprende" (9). Sobre su padre recuerda, "veo ahora un amarillo rostro sonriente de alargados ojos que pellizca suavemente mis mejillas" (39). El poeta se autodefine a sí mismo, negando toda imposición europea e invierte el precepto europeo sobre la pureza de las identidades, tanto en el sentido biológico como cultural. Crea la imagen de un sujeto híbrido imponiendo, por lo tanto, una visión anti-hegemónica.

Más adelante, Pedroso resume su ideología de la siguiente forma:

> Hijo de América. Nacido en un país económica y políticamente esclavizado al imperialismo yanqui; clasificado por tradicionales conceptos de religión, filosofía y ciencia burguesas, como individuo de raza inferior—etiópico-asiático—; perteneciente—proletario—a la clase más oprimida y explotada; ¿cuál puede ser mi ideología con esas tres fatalidades, histórico-geográfica, étnica y económico-social?... La que viene de Marx, se sintetiza en Lenin y hoy surge al mundo con la Internacional de la Justicia. (9)

Consciente de su situación marginal, como "proletariado" y como "individuo de raza inferior" (9), esboza así una serie de instantes fundamentales en el desarrollo histórico del pensamiento cubano, el cual responde repetidamente a los conflictos raciales y sociales. Propone una serie de discursos que, en última instancia, intentan desdibujar las diferencias étnicas y crear la imagen de una identidad híbrida, transculturada. El discurso de la fraternidad se alimenta aquí de la idea de la unión por encima de las diferencias raciales para enfrentarse a enemigos externos, como es el "imperialismo yanqui." No se siente aislado ni marginado, sino integrado a una comunidad; y cada problema suyo es un problema de todos.

No podemos perder de vista, entonces, que la nación, en tanto a la "comunidad imaginada," es una abstracción que se define por la pugna de sujetos sociales. La incorporación del discurso del mestizaje es posiblemente su *locus amoenus* para lograr la conciliación de conflictos raciales en la sociedad cubana y, por ende, representar lo cubano como una síntesis étnica. Pedroso ve la identidad cubana en términos que buscan desplazar el elemento africano y chino mediante su inclusión en un imaginario de la patria en el cual los colores de la piel son irrelevantes, donde el conflicto de las razas se anula para poder alcanzar la igualdad en toda la sociedad.

En el primer poema de *Nosotros*, titulado "Los Conquistadores," el poeta relaciona, desde una perspectiva individual y colectiva, la presencia de los chinos con la historia de opresión de Cuba. La inclusión de un grupo subalterno, los chinos, representa un valioso elemento en conflicto con intereses de integración nacional. La repetición de la oración "Por aquí pasaron" se presenta como una especie de encuentro y de sus secuelas que se hacen relevantes en el presente:

> Por aquí pasaron. Mezquinas epopeyas
> llameaban en sus ojos ebrios del mar Atlántico
> y del Pacífico. Venían con férreas botas,
> el largo fusil sobre los hombros,
> y el continente bárbaro.
>
> ¿Qué verdad predicaban a los hombres?
> ¿Qué evangelio de dichas al sufrimiento humano?
> ¿Qué salmo de Justicia, por las tierras inmensas,
> alzaban a los cielos sus cañones blindados?
>
> En nombre del derecho y de la paz venían…
> Iban hacia los pueblos llamándoles hermanos:
> y como en la Escritura, la América fue el Cristo,
> que vióles repartirse sus tierras por vestidos,
> y disputar la túnica libre de su destino!
>
> Por aquí pasaron.
> Venían con un nombre de democracia nueva:
> ¡y hasta las altas cumbres de los Andes durmieron
> bajo un pesado sueño brutal de bayonetas!
>
> Por aquí pasaron.
> Con nuevos postulados de libertad venían:
> ¡y hasta la vieja tierra de Li Tai Pe, llegaron,
> sobre los rascacielos flotantes de sus "dreadnoughts,"
> entre un clamor de débiles pueblos despedazados!

Por aquí cruzaron.
Ahora hacia sus cuarteles de Wall Street:
el fardo de dólares al hombro
y el continente bárbaro.

(*Nosotros* 23–24)

En las tres primeras estrofas, la voz poética nos habla de la historia de la conquista y contrasta "mezquinas," "férreas botas," "el largo fusil" y "cañones" con "verdad," "evangelio," "salmo de Justicia," "derecho," "la paz" y "hermanos" para mostrar que la conquista ha sido una empresa impulsada no por motivos filantrópicos sino por la codicia "que vióles repartirse sus tierras por vestidos, / y disputar la túnica libre de su destino!" (23). Utiliza estas descripciones para la descalificación del acto conquistador; y por consiguiente, desmiente la concepción del conquistador como un elegido de Dios para la propagación de la fe.

En la cuarta estrofa, la voz poética reconoce que su nación está en estado neocolonial y comenta que la única diferencia entre el pasado y el presente es la forma de opresión. Ahora, el sistema colonial establecido por los españoles ha sido sustituido por el imperialismo yanqui. De forma similar, comenta que la "democracia nueva" y la "libertad" no son más que una expresión de la democracia imperialista. El poder y el control se presentan como una fuerza destructora que están asociados ahora con "brutal," "despedazados," "bayonetas" y "dreadnoughts." Dentro de este nuevo estado neocolonial se encuentra el comercio o trata de semiesclavos. Este tipo de comercio fue una de las formas de acumulación de capitales en el siglo XIX. La presencia de "la vieja tierra de Li Tai Pe" abre la posibilidad a la actualización del conocimiento. Entramos, entonces, en una "zona de contacto" donde el proceso de la transculturación emerge una nueva realidad, compuesta y compleja. Se puede observar un deseo por parte del poeta de reescribir la historia cubana, dándole al chino un lugar en la formación cultural y racial de la isla. El chino-cubano poetiza los vacíos históricos, recreando, de esa manera, el nacimiento de las incoherencias de la identidad caribeña.

En el siguiente poema, "Salutación a un camarada culí," Pedroso evoca su herencia china concentrando su punto de vista en cuestiones ancestrales y personales con matices ideológicos. El hecho de que incorporara la figura del *culí* como centro de su poema significa que le otorga el poder de la palabra escrita y en relación a ello, recupera las especificidades históricas de Cuba reconociendo su presencia. Cuando se publicó *Nosotros*, el poeta nunca había estado en China, y además poseía pocos recuerdos de su padre:

> Todos los días, al oscurecer, mi padre toma de la mano a mi hermanito menor y a mí, y silenciosamente, sin decir palabra alguna, nos lleva a un retirado santuario del Casino. Ya allí nos arrodillamos ante diversos ídolos que vemos, ante todo el que está en el altar principal, uno muy bello y hermoso, que no sé si es un hombre o una mujer; repetimos en voz baja sin entender las palabras que en chino pronuncia nuestro padre; tocamos luego con nuestras frentes el suelo, y cogiendo finas varillas de bambú las prendemos y las dejamos humeantes en los anchos ceniceros. No sabemos por qué nunca le hacemos a nuestro padre preguntas sobre esto ni él tampoco; aunque nos habla de muchas cosas, de esto nunca nos dice nada. (*Órbita* 40–41)

El padre del poeta, al terminar su contrato en Cuba, regresó a China donde falleció poco después de su retorno. En consecuencia, su conocimiento del Lejano Oriente, tal como lo reconoce, proviene de sus lecturas de libros europeos. Es importante recalcar que aunque se trata de una visión europea del Oriente, es un recurso que Pedroso utiliza para expresar una visión alternativa o transculturada a la producida por Occidente:

> Del fondo de los siglos, tumultuosa y salvaje
> surge mi exaltación; por ti,
> en cuyas pupilas oblicuas he leído
> páginas de una Iliada de libertad—
> un Himalaya de epopeya.
>
> Surge de largos años de humillación.
> Soy de tu misma raza hombre amarillo: acaso
> tuvimos por abuelos los mismos mandarines
> venales y enfermizos,
> aletargados bajo la nirvana del opio en negra noche del pasado;
> o quizás, más felices,
> fueron agricultores sembradores de arroz,
> allá en los valles del Yang-Tse-Kiang.
>
> Aunque hasta mí llegaste vestido a la europea,
> tu tez era mongólica,

exótica tu lengua monosilábica;
tu expresión evocaba,
un poco bárbara bajo la sonrisa,
a la de los guerreros de Gengis Kan:
máscara que hoy teme Europa y el Norte Yanqui acecha.
[..............................................]
Mas, sangre de tu sangre, yo vivo en fiebre ahora
tu fuerte gesto y tu tragedia.
Nos ligan doblemente los vínculos
de la estirpe y la nueva inquietud ideológica.

Tú has despertado en mí lo que en mí hay de Asia;
adormecido estaba por el Pan-americanismo y el
Hispano-americanismo,
mas yo vengo de allá en connubio con África:
dos grandes continentes humillados, vencidos...
Mi destino es más triste que el tuyo:
que hasta la tierra india a cuyo sol me he abierto,
cuya brisa he bebido,
desde el Río Grande al Fuego—patria continental—
también es destrozada por el imperialismo.
[..............................................]
Lucha contra los buitres
que te devoran las entrañas;
vampiros extranjeros que sorben tus derechos
bajo una fementida noche civilizada.
[..............................................]
Oiré en tu ideología
más humana, más cósmica
—dirigibles de intensas verdades colectivas—,
más fuerte el trepidante motor de nuestra época.
Hasta que llegue el alba que en gesto comprensivo,
del mástil de los Andes sus cables rompa al viento
de nuevos postulados,
¡la nave de la nueva Revolución de América!

(*Nosotros* 119–21)

Como comentamos en el primer capítulo, aunque los *culíes* fueron contratados como mano de obra, los contratos y las regulaciones demostraban que durante su servidumbre de ocho años, eran propiedad de los hacendados, o sea, semi-esclavos. Teniendo en cuenta esta parte de la historia, la voz poética establece una conexión con este camarada *culí.* No solamente se trata de un vínculo étnico sino también político, teniendo en cuenta las consecuencias que la colonización ha tenido sobre Asia ("largos años de humillación"). Esta conexión es significativa porque le concede a la voz poética la autoridad de hablar por el *culí*, y, por ende, por sí mismo. Más adelante, la referencia al opio "bajo la nirvana del opio," "saliendo de un sueño de opio," es de acuerdo a Evelyn Hu-DeHart, "parte del tráfico de *culíes* desde su comienzo" ("Opio" 33). La exportación de opio hacia China favoreció a la economía inglesa y esta invasión comercial tuvo como consecuencia, que una parte de la sociedad china se hiciera toxicómana. Esta actividad de Gran Bretaña con China es la que causó "largos años de humillación / abuelos [...] venales y enfermizos" (119). La voz poética utiliza las descripciones patológicas en la descripción de "los mismos mandarines" para llamar a una regeneración.

En la tercera estrofa, la voz comenta que el conocimiento que tiene de su herencia china llega "vestido a la europea" (119). La imagen de la "tez mongólica," "exótica" y "bárbara" del Oriente provoca en la mente occidental una reacción de admiración y de temor: "máscara que hoy teme Europa y el Norte yanqui acecha" (120). Dentro de esta relación de poder, la incapacidad del Oriente para un desarrollo racional le confiere un poder que lo vuelve peligroso e incontrolable. Aparte de su fuerte lazo con Asia, reconoce que "yo vengo de allá en connubio con África: / dos grandes continentes humillados, vencidos" (120). Busca asignar un lugar justo a los componentes étnicos de la nación. Más adelante, la voz poética nos comenta que "hasta la tierra india a cuyo sol me he abierto" (120), y al igual que Asia y África, "también es destrozada por el imperialismo" (120). Mediante el entendimiento de un pasado esclavizador, en las siguientes estrofas vemos que el yo-poético incita a los explotados *culíes* como él a romper con "el quietismo inútil de tu filosofía," "la amarra tradicional" (121), para conseguir no sólo libertad individual sino también la liberación nacional. Al ubicarse dentro de esta "zona de contacto," el yo poético no sólo resalta la dimensión interactiva y de improvisación de los sujetos que se relacionan en esas regiones sino también ensaya la construcción de su versión de la historia, de la identidad, previendo un futuro esperanzador.

En "Conceptos del nuevo estudiante" y "El heredero," Pedroso examina su pasado mediante la exploración de un pasado orientalizado compuesto de imágenes, artefactos exóticos divulgados por Occidente. Los dos poemas que estudiaremos a continuación se destacan por su apertura, dialogismo e identificación con el

Oriente, o mejor dicho, China. Estos poemas se desarrollan en dos niveles temporales que son, en realidad, complementarios: el presente y el pasado. Ambos niveles están unidos y representados simbólicamente por imágenes y personajes chinos. Es una dualidad que refleja la experiencia vital de Pedroso por entender su pasado, como una base estratégica para reafirmar su ideología social y política. Lejos de encontrar un mundo indescriptible e inalcanzable, hallamos un espacio de redefinición para elaborar una galería de ideas transculturadoras.

El primer poema, "Conceptos del nuevo estudiante," es sencillo en su desarrollo, pero cargado de exquisita fuerza lírica, que radica precisamente en la incorporación de las imágenes estereotípicas orientales para hacer una presentación vívida y reconocible de un ambiente oriental armonioso y ceremonioso:

> Yo fui hasta ayer ceremonioso y pacífico…
>
> Antaño bebí el té de hojas maduras de Yunnan
> en finas tazas de porcelana;
> descifraba los textos sagrados de Lao-Tseu,
> de Meng-Seu,
> y del más sabio de los sabios, Kung-fu-Yseu.
> [……………………………………………..]
>
> Me ha despertado un eco de voces extranjeras
> surgido de las bocas de instrumentos mecánicos;
> dragones que incendian con gritos de metrallas
> —ante el horror de mis hermanos,
> asesinados en la noche—
> mis casas de bambú
> y mis pagodas milenarias.
>
> Y ahora, desde el avión de mi nueva conciencia,
> atalayo las verdes llanuras de Europa
> sus ciudades magníficas,
> florecidas de piedra y de hierro.
>
> Se ha desnudado en mis ojos el alba de Occidente.
> Entre mis manos pálidas,
> la larga pipa de los siglos,
> ya no me brinda el opio de la barbarie;
> y hoy marcho hacia la cultura de los pueblos
> ejercitando mis dedos en el gatillo del máuser.

En la llama de ahora
cocino impaciente la droga del mañana;
quiero profundamente aspirar la nueva época
en mi ancha pipa de jade.
Una inquietud curiosa ha insomnizado mis ojos oblicuos.
Y para otear más hondo el horizonte,
salto sobre la vieja muralla del pasado…

Yo fui hasta ayer ceremonioso y pacífico… (45–46)

El poema comienza y concluye con la frase "Yo fui hasta ayer ceremonioso y pacífico..." para enfatizar que es un nuevo estudiante, una persona transformada. En las primeras dos estrofas, Pedroso utiliza imágenes estereotipadas para hacer una presentación de un ambiente oriental. En la tercera estrofa, descubrimos que esta escena pacífica es interrumpida por la penetración de "voces extranjeras" producidas por "instrumentos mecánicos" y "dragones que incendian con gritos de metrallas." El resultado es la muerte de "mis hermanos, / asesinados en la noche" y la destrucción de "mis casas de bambú / y mis pagodas milenarias" (45). La cuarta estrofa insinúa que estos invasores son occidentales porque "atalayo las llanuras verdes de Europa" (45). La quinta estrofa afirma que es Occidente el culpable de esta irrupción, "Se ha desnudado en mis ojos el alba de Occidente" (46). Las imágenes presentadas en estas tres estrofas tienen como propósito buscar identificación de los lectores. Las escenas parecen indicar la manera de cómo muchos *culíes* fueron "contratados": asaltados, secuestrados y asesinados.

Las tres últimas estrofas revelan una voz poética que ya no vive en la tierra de "Lao-Tseu" (se refiere a Lao-Tze), el filósofo chino, considerado el fundador del Taoísmo, de "té de hojas maduras de Yunnan," de los Ching, de "pagodas" y "bambú." Está dispuesto a seguir adelante: "Y hoy me marcho hacia la cultura de los pueblos" (46). Aunque todavía lleva en sus manos "la larga pipa de los siglos" (46), se niega a vivir en el pasado: "salto sobre la vieja muralla del pasado" (46). Vemos, entonces, una mezcla armoniosa del pasado y del presente: "Profundamente quiero aspirar la nueva época / en mi ancha pipa de jade" (46). El yo poético está preparado para lo que se avecina y se da cuenta de que para entender y aceptar el futuro debe aceptar el pasado y seguir adelante. El pasado idealizado de sus antepasados ya no existe en su realidad; su mundo es otro y "hoy marcho hacia la cultura de los pueblos / ejercitando mis dedos en el gatillo del máuser" (46).

En este poema, los diferentes elementos orientales, como el "té," las "pagodas," los "lotos," el "bambú" y el "opio" manifiestan una red de confluencias. En este sentido, no se trata de presentar artefactos, monumentos y espacios de una manera arbitraria. Los artefactos sirven como punto de partida para indagar cuestiones filosóficas, axiológicas o históricas. Connota una suerte de trayectoria, un desplazamiento que invita a contemplar paisajes y a trascender fronteras culturales a partir de la presencia de objetos de arte. La traducción de algunos nombres chinos al español—"Yunnan," "Lao-Tseu," "Kung-fu-Yseu," "Li-tai-Pe"—representa una manera de otorgarle voz a ese otro silenciado; es decir, marca la diferencia en el sentido que inscribe cierta experiencia transcultural.

El último poema, "El Heredero," expresa los mismos propósitos. Las imágenes exóticas abundan una vez más cuando la voz poética trata de responder a la pregunta de su tío, "el sabio mandarín de botón encarnado":

> Mi anciano tío,
> el sabio mandarín de botón encarnado
> —aunque yo soy un hijo de la Revolución,
> son mis antepasados ilustres—
> Me dice, ya casi moribundo:
> —Hijo mío, de todos mis tesoros, ¿qué ambicionas, qué anhelas?—
>
> Yo le respondo, con el corazón
> trémulo por la angustia como un avión sin rumbo entre la tiniebla:
> —¡Oh sabio, tres veces sabio, Wey-tchung-tseu!
> No quiero tus riquezas.
> Desdeño tus palacios de jade
> rodeados de jazmineros nevados de luna
> y claros estanques,
> donde el cielo de nácar florece en las tardes de lotos y estrellas…
> a cuya sombra,
> henchidos de orgullosa opulencia burguesa,
> su gemario abren los pavos reales.
>
> [……………………………………………]
> Todo lo almacenaste sórdidamente:
> Pacíficos de oro e Himalayas de máximas profundas.

Yo abriré para el hambre ignara del culí
el opimo granero de tu cosecha de cultura.

La "film" de tu existencia
cruza ahora por la pantalla de nuestros tiempos;
y eres, en episodio de arcaica ideología,
un celuloide de otra etapa histórica.

¡Oh, sabio, Wey-tchung-tseu, tres veces sabio!
Del fondo de las aguas dormidas del pasado
ha surgido la nueva inquietud de tifones,
que, escapando a la antena de tu sabiduría,
desde sus luminosas estaciones mentales
presagiaron los viejos filósofos…—

Y con tradicional ritual ceremonioso
beso sus mortecinos dedos mandarinescos,
donde una gema arcaica de un príncipe Ming fulge
—pues aunque soy un hijo de la Revolución
son mis antepasados ilustres! (47–49)

Al responder a la pregunta de su tío, la voz poética rechaza las riquezas materiales que normalmente están asociadas con la cultura china: "tus palacios de jade," "porcelanas de kin-te-tchin," "túnicas de seda" y "lecho de marfil." En su lugar, lo único que quiere es el conocimiento que posee, los elementos intangibles, no materiales, que representan la filosofía de la cultura a la que pertenece su tío: "sólo quiero tus libros, / tus manuscritos raros de los tiempos de Hoang-hi" (48). En la cuarta estrofa, la voz acusa al tío e insinúa que su riqueza proviene de su participación del tráfico y explotación del culí: "desprecio tu oro / —transmutación de sangre y de sudores de culíes" (47). En las siguientes estrofas, la voz poética continúa criticando al tío por haber abandonado las enseñanzas que "desde sus luminosas estaciones mentales / presagiaron los viejos filósofos" (49). Con todos sus bienes materiales, se ha corrompido y, por lo tanto, sus escritos o manuscritos no poseen la pureza "que penetre el ojo del corazón, / más hondo que el de la inteligencia" (48). El tío es la manifestación de un pasado olvidado y renegado, es un modo de pensar que no encaja más, que ya no es significativo.

La correlación de este poema con la vida del poeta ayuda a demostrar la fuerza de sus convicciones y la autorreflexión que ha sufrido. El poeta reconoce abiertamente a sus antepasados chinos; no obstante, es muy consciente de que su padre era un "culí," un hombre pobre de servidumbre contratada, y por tanto, no tiene ninguna conexión con la riqueza orientalizada exótica que a menudo se relaciona con los chinos. El poema emula la comprensión de la realidad de la voz poética. Reconoce sus "pasados ilustres, pero es primero y ante todo cubano, "soy un hijo de la Revolución" (49).

El conocimiento sobre Asia o mejor dicho China producido por Pedroso en *Nosotros*, reproduce en la mayoría de los casos imágenes estereotípicas que han permitido que el "Oriental" se destaque como una entidad reconocible. Su perspectiva no desborda los parámetros de la representación orientalista producida por la biblioteca europea; no obstante, este proceso de auto-orientalización, internalización de las formas de representaciones orientalistas, le otorgó estrategias de representación cultural. Los objetos orientales incorporados en sus poemas se muestran como una condición de posibilidad, el encuadre de otras perspectivas que permite el surgimiento de una nueva identidad cultural híbrida.

## *El ciruelo de Yuan Pei Fu*

El último Pedroso, el "chino," es el que escribe su último poemario, *El ciruelo de Yuan Pei Fu: Poemas chinos* (1955). Con el advenimiento de la Revolución Cubana, Pedroso centra su atención en temas de orden social y político; el "problema de la raza" no parece ya fundamental. Existe cierta continuidad en torno a la conformación de una cubanidad donde lo racial no constituye un elemento discordante y donde la diversidad se conserva unida al ritmo de un son. El Pedroso de Yuan Pei Fu es un hombre tenaz que, en su madurez, regresa de nuevo a sus raíces ancestrales. Al describir el tercer Regino Pedroso, Guillén comenta:

> Tercer Regino Pedroso: el chino. No es un chino de chinerías, externo; no es un chino pasado por California, un chino de chop-sui y sopa de nidos (en lata) de golondrinas o aletas (en lata) de tiburón. Trátase de un chino profundo, más aún, insondable. Un chino filósofo que ve lo que le rodea con su paciencia y su abanico (negro tal vez) y acota cada suceso con un marginal sonriente, hijo de una experiencia que viene desde la dinastía Ming, tan amada por el poeta. (429)

La China que Guillén asocia con Pedroso no es la de las imágenes exóticas que se han perpetuado en Occidente. Lo describe como el "chino profundo" que estudia su entorno dentro y fuera al mismo tiempo, es a la vez colaborador y espectador. Es importante señalar que, como ha indicado la crítica Debbie Lee-Distefano, a primera vista, las palabras que Guillén utiliza para describir a este poeta parecen indicar ciertas percepciones estereotipadas del chino: "un chino filósofo," "el abanico" y "la dinastía Ming"; no obstante, se trata de una visión que subvierte la imagen orientalizada porque hace referencia a otro elemento de su componente racial, el abanico "(negro tal vez)" (93). Guillén señala que la mezcla de lo africano y lo chino le permite a Pedroso romper con el molde del exoticismo y ofrecer una nueva visión. Admite que Pedroso, aunque un tipo diferente del mestizo, es tan cubano y americano como cualquier otro cubano. Asimismo, la preferencia de Pedroso por la dinastía Ming (1368–1644), la penúltima dinastía de China, se debe a que simboliza el resurgimiento y el renacer de una China fuerte y estable: "[…] the Ming period witnessed […] the maturing of the traditional Chinese civilization […] We can see […] a significant increase in literacy, […]. We observe the filling out of the system of urban networks, reflecting the expansion of productivity and of exchange" (Mote 1–2). El poeta utiliza ese pasado legendario y utópico como una coartada para exhibir las aporías de un presente incierto.

Se puede abordar *El ciruelo de Yuan Pei Fu* desde diferentes ángulos y puntos de vista. Muchos críticos están de acuerdo en que esta obra es una reminiscencia al modernismo, como nota Félix Pita Rodríguez:

> Cuando se habla de las influencias en la poesía de Pedroso, echó mano a lo que tenía más cerca —¡Y quién puede discutir la tremenda fuerza adhesiva de los medios rubenianos o modernistas! — y formas y temas pasaron por él, se aderezaron un tanto con reminiscencias y recuerdos de infancia en los que estaba gravitando el padre chino, y surgieron los primeros ensayos poéticos. Este peso, esta influencia directa del padre chino, de su mundo y su atmósfera remotos y maravillosos, nos ha sido admirablemente trasmitida por el propio Regino. (15)

Otros, como Lee-Distefano (93), comentan que aunque el poeta sitúa los acontecimientos y personajes de sus poemas en el lejano

Oriente, es un libro que está profundamente anclado en la realidad cubana. Toda la miseria humana e injusticia social de la época aparece en este libro. El poeta no critica ni juzga, más bien sigue la estructura filosófica china para desenmascarar la realidad de los acontecimientos. En el fondo es un libro profundamente político e histórico. Osvaldo Navarro indica que la belleza de esta obra radica en su novedad y su capacidad de engañar al lector distraído:

> Es éste un libro insólito y único en la literatura cubana. Tanto su contenido poético como la forma en que fue concebido en su estructura nos preparan para suponer que nos encontramos ante una verdadera obra maestra, que comprueba la madurez alcanzada por la cultura revolucionaria cubana [...] sobrepasa la cáscara (o la pared), para asomarse de manera risueña a las insondables posibilidades de la cultura humana, demostrando de algún modo que somos ya un pueblo civilizado a la altura de una problemática universal, y que la cultura de los trabajadores es la más humana que se haya producido. Así, este libro no se aparta de las contradicciones, sino más bien se nutre en ellas de manera dialéctica. (Prólogo a Pedroso, *Órbita* 29)

Efectivamente, para Pedroso la literatura tiene una función social y práctica. El artista es creador de una nueva sensibilidad hacia la vida: "una pupila abierta sobre la carne de la emoción, para mirar al mundo y sentirlo; una madurez del pensamiento realizada al calor de lo vivido y, finalmente, el definitivo regreso de los países del sueño" ("Auto-Bio-Prólogo," *Nosotros* 3). El mestizaje cultural de Pedroso aflora, enriquece interpretaciones cargadas de sugerencias e incitaciones imaginativas.

*El ciruelo de Yuan Pei Fu*, al igual que en algunos poemas de *Nosotros*, está estrechamente sometido al proceso de auto-orientalización, entendido éste como la esencialización de elementos culturales por parte de los propios "orientales." Esta estrategia le concede a los sujetos "orientales" como Pedroso, la agencia de manipular significados y símbolos dentro de los distintos dominios del poder. La introducción de elementos "típicamente orientales" en sus respectivas sociedades, le sirve como "self-criticism, as well as in the critique of Euro-American modernity" (Dirlik 103). En parte, este proceso es el resultado de una colaboración entre los occidentales orientalistas y las élites auto-orientalistas de Asia Oriental, que pretenden fijar determinados rasgos y características culturales descontextualizándolas para ser utilizadas en su propio beneficio.

Dentro de la epistemología del orientalismo, el auto-orientalismo, en la medida en que incorpora e idealiza elementos culturales "orientales," comparte en gran parte el discurso del exotismo. El exotismo consiste en una visión idealizada de "los otros," siendo no sólo una proyección de deseos propios y de autocrítica, sino también como un reflejo representativo y objetivo de la realidad que intenta poner de manifiesto (Dirlik 108). Lo exótico, en esta obra, es lo que se identifica como más cercano a la naturaleza, menos "moderno," más tradicional, más original, más espiritual, en contraste con el mundo de la sociedad moderna, desarrollada, material y artificial. El orientalismo transculturado de Pedroso revela su afán de proveer un mejor conocimiento y acercamiento a estos intérpretes culturales, para poder de esta forma, cederle la voz al otro silenciado.

El prólogo de *El ciruelo* merece especial atención y análisis porque se presenta como una estrategia literaria en su utilización de la metaficción, problematizando así la relación entre ficción y realidad. El empleo de la metaficción es una táctica deliberada que exige la presencia de un lector cómplice y es, además, una técnica utilizada para la creación de un mito y para confundir la ficción con la realidad. El prólogo comienza con una declaración acerca del abuelo chino de Pedroso, que se fue de China durante la dinastía Qing. Aquí, el poeta parece estar haciendo una referencia directa a su pasado ancestral, como un recuento histórico de la llegada de su padre a Cuba. Inmediatamente después, menciona que este "paternal abuelo" no le dejó ni "gloria, nombre ni fortuna fabulosa" sino el "retrato de un anciano mandarín" y "un amarillento legajo" (17). Empieza, entonces, a describir meticulosamente el retrato del anciano. Esto le sirve a Pedroso para ambientar la acción y crear una atmósfera que haga más creíbles los hechos que se narran:

> un anciano mandarín que en túnica florida cubre su nevada cabeza con birrete de seda azul [. . .]. En los ojos oblicuos, alargados como sables, se entreabre una mirada que parece navegar por quietas aguas nebulosas. Bajo la corta nariz, de abiertos ventanales, asoma una boca casi sin carne, levemente sensual, [. . .]. Enmarcando la boca, caen los largos bigotes de apacibles hebras y una nevada barba cuyos plateados hilos llegan hasta su

> pecho. [...]. Un collar de gruesas perlas desciende de su cuello hasta su orondo vientre de bien alimentado Buda. (17)

Lleva toda la parafernalia de un "chino" de la dinastía Qing: una túnica, un abanico y un collar de perlas. No se trata de una imagen estereotipada del chino, sino de una descripción exacta y detallada de un chino con el traje tradicional de los manchúes, grupo étnico originario de Manchuria que fundó la dinastía Qing y llegó a convertirse en un símbolo del poder político durante esta época.

Del retrato pasa más adelante al pliegue "lleno de variado caracteres" que le dejó su abuelo. Lo examina cuidadosamente y se pregunta si el abuelo fue el autor del libro. Luego, se pregunta si el retrato del anciano "¿es acaso Yuan Pei Fu, el sabio Maestro que vemos en estas páginas?" (18). Pasa, entonces, a preguntarse por la persona que tradujo el libro. A los manuscritos se les atribuye haber sido traducidos por un redactor anónimo que "al trasladar el pensante espíritu amarillo del milenario idioma de Li Po a estas castellanas traducciones, confiesa humildemente el adaptador lo imperfecto de su obra" (18). Más adelante, vemos la falsa labor de reedición que el autor real Regino Pedroso se adjudica a sí mismo en calidad de presunto corrector del texto, "hemos tenido que acoplar y refundir dos orbes culturales, dos hemisferios tan disímiles en sentimiento y saber cómo son el mundo del Oriente y el mundo occidental" (20).

La categoría metaficcional correspondiente a la autoría del poemario hace que el autor de *El ciruelo de Yuan Pei Fu*, Regino Pedroso, se convierta en los efectos de la ficción en un personaje del poemario, es decir, un ente exclusivamente de ficción. La falsa editorialidad que el autor real Pedroso le atribuye al personaje Regino Pedroso subvierte los planos de la realidad y de la ficción, involucrando, de este modo, al autor en su propia historia y le infunde, así, mayor veracidad. Estas estrategias narratológicas de historicidad, de autoría y de editorialidad generadas por el empleo de la metaficción están en conformidad con los propósitos del autor: "una paradojal filosofía de la existencia," "la reacción satírica [...] ante el medio y los hombres con los cuales tuvo que convivir," "enseñanza," "una autobiografía" y "una irónica experiencia del vivir" (19). Todo esta confluencia de elementos parece indicar la ambivalencia de la realidad. No importa quién lo escribió o si los personajes realmente existieron, Pedroso-personaje escribe:

"A veces dudamos que hayan sido del todo auténticamente chinos. Éstos serán aclarado algún día por pacientes eruditos. Sólo podemos precisar su humana atmósfera terrena y el breve espacio de tiempo en que respiraron, discurrieron, y desaparecieron sus envolturas amarillas" (20).

Es cierto que Pedroso recreó una obra ficticia, pero es allí donde se borran los límites entre la ficción y la historia. Esto es, basándose en sus lecturas y conocimientos de China propagados por Europa, mezcla artefactos culturales con su axiología para recrear su pasado. El poeta usa la estrategia de "traducción" para interpretar su cultura. Traducir a partir de textos primarios, en este caso, "una amarillo legajo lleno de variados caracteres y cuyo sentido sólo vine a penetrar en estos últimos años de mi vida" (216), representa una forma de entablar un diálogo cultural. En un nivel, el poeta "conversa" con la autoridad que éste cita; en otro, la cita o textos traducidos reproducen cierta armonía que se combina en torno al imaginario cultural de los lectores latinoamericanos. Es un intento de llegar a alcanzar un entendimiento más profundo.

Asimismo, esta obra, que acaba de ser "traducida" al español, le permite a Pedroso entender su pasado y distinguir los conceptos occidentales de los orientales sobre la vida y el arte. No obstante, es importante notar que, aparte de ser una oportunidad de definirse a sí mismo, es también una herramienta para criticar los valores y modelos literarios de su época. El hecho de comparar el Occidente con el Oriente, sugiere la posición ideológica de este autor ante Europa:

> [...] Hemos tenido que acoplar y refundir dos orbes culturales, dos hemisferios tan disímiles en sentimiento y saber como son el mundo del Oriente y el mundo Occidental. [...]. Para el hombre de esta milenaria raza la poesía no es un simple juego del intelecto. Ella no radica, como modernamente se estima en ciertas zonas culturales de Occidente, en sólo esos aspectos novedosos y formales de elaboradas técnicas metafóricas y abstrusos pensamientos indescifrables, sino es un modo emocional de sentir y ver la vida, y está en lo esencial del ser, en cierto estado imaginativo y sensible del espíritu humano que faculta peculiarmente al hombre a expresar bellamente la forma, la música y el color del Universo. Porque la poesía, en el chino, nace de un profundo estado contemplativo ante la naturaleza, o más bien, de su cósmica inmersión en ella, y está en lo estelar de su alma y no en el simple juego de hacer literatura. (21–22)

El poeta reacciona contra el positivismo y el vacío espiritual de la burguesía y la modernidad. Encuentra en el Oriente los valores espirituales, una alternativa que le ayuda a percibir su propia realidad de manera distinta. Extiende los horizontes del imaginario oriental con el deseo de interpretar diferentes culturales desde su propio punto de vista y no desde el punto de vista europeo. El poeta asume la máscara de un filósofo chino para criticar las normas literarias de Occidente y, con ello, cuestionar no sólo su contenido, sino la naturaleza hegemónica, elitista y exclusivista de la literatura en sí.

Este prólogo, junto con los poemas que siguen, le permiten a Pedroso sincretizar sus pensamientos y su situación histórica. El prólogo termina con la siguiente afirmación: "Los campos en que brotaron estas yemas de bambú parecen haber sido las tierras pantanosas donde madura el arroz, no los prados celestes de la luna" (23). Explorar el Oriente era una forma de tratar de encontrar respuestas trascendentales que no podía encontrar en su propio contexto por la falta de sensibilidad que sentía a su alrededor. En relación con Latinoamérica, Julia A. Kushigian asevera que "Hispanic Orientalism reflects not so much a political posture toward the Orient rendered in innumerable oppositional structures but is, rather, a more thoughtful approach that values a dialogue of discourses, reflecting an antithetical denial of, and openness to the Other" (10). El orientalismo se presenta como una fuente cultural complementaria, en el sentido de que simboliza la oposición de valores europeos porque problematiza su postura. Pedroso presenta el Oriente abierto a nuevas ideas, a nuevas culturas pero cuya apreciación del arte oriental se funda en una mirada latinoamericana. El ámbito oriental debe verse como un espacio donde convergen una serie de influencias que constituyen los rasgos característicos de una cultura cubana, ecléctica y original. Nos ofrece una alternativa mucho más diversa y abierta que dialoga con el Oriente y con el discurso oriental europeo.

La obra está dividida en fragmentos separados. Cada pasaje se estructura idéntica y rígidamente de la siguiente manera: el discípulo de Yuan Pei Fu tiene un problema o duda y se lo consulta a su maestro. Con la sabiduría que sus años le ofrecen, Yuan Pei Fu le responde partiendo de una reflexión acerca de los fenómenos cíclicos que observan en la naturaleza y la realidad que les rodean. Todas las cosas son efímeras y cambian constantemente su constitución. Nos acercamos a un mundo antiguo y sugestivo, rural a veces, que forma un primoroso fresco de tiempos que no conocimos. Los diálogos parecen ser muy "orientales" en su naturaleza, en el sentido de que existe la circularidad del discurso y la contradicción a menudo parece ser la única respuesta. Sin embargo, un examen detallado de estos pasajes nos revela, una vez más, la destreza de Pedroso de ocultar un significado dentro de otro. Se trata de una reafirmación de la postura ideológica de Pedroso ya presentada en el prólogo de su poemario *Nosotros* y su aplicación a la realidad cubana y a la humanidad en general.

El primer poema, titulado "El Maestro," es la primera presentación de Yuan Pei Fu. En la primera estrofa, Yuan Pei Fu les dice a sus discípulos: "¡No comeré yo arroz… / Mientras mis manos palpen las llagas de un humano, / y mis ojos contemplen vientres vacíos, fláccidos, / y la justicia, esclava, llore sobre la tierra" (25). Más adelante, transcurre el tiempo, el discípulo vuelve a encontrarse con el maestro y lo halla transformado: "llevado por esclavos, / en palanquín suntuoso" y "entre flotantes sedas el cuerpo perfumado" (25). Le pregunta, entonces, al maestro por el cambio y éste le aconseja que nada en este mundo es absoluto porque todo requiere de cambios. Las cosas pueden adquirir diversas formas en diferentes etapas de la existencia:

> —Hermano mendicante —me respondió indulgente:
> no juzgues lo absoluto,
> pues nada eterno es y todo fluye eterno;
> mas nada es siempre lo mismo.
>
> El Hoang-ho, negro o rojo a veces corre,
> y a veces amarillo…
> Si todo cambia: el pez, el ave, el río;
> si todo fue y recomienza,
> ¿por qué quieres que sólo yo permanezca el mismo? (26)

Pedroso utiliza este primer fragmento para presentar las ideas fundamentales de la obra. Expresa la dinámica del cambio constante en las manifestaciones de la naturaleza y, en concreto, en las expresadas por los seres humanos en cuanto a sus emociones, pensamientos y comportamientos. Este cambio le sirve para criticar la realidad cubana. Después de la independencia, Cuba ha sufrido muchos cambios políticos y sociales. La lucha tuvo como consecuencia reemplazar un dictador por otro: de Machado a Batista. Para el poeta, un verdadero revolucionario no es quien se dedica a contemplar la realidad y a criticar las fallas del Estado sino, más bien, quien desde posiciones de poder, se dedica, en tiempo y vida, a transformar y promover nuevas políticas revolucionarias y humanísticas.

Sumando todo lo expuesto, Pedroso utiliza el poema "Enseñanza dialéctica" para mostrarnos que, aunque estamos en un cambio permanente, todo cambio es esencialmente inmutable e inalterable. El poema comienza con la pregunta del discípulo: "—Maestro, ¿qué es sapiencia política?" y el maestro le responde: "—Hijo mío creyente: según las conveniencias, / la verdad que era ayer negar en el presente; / aunque lo que hoy afirmes mañana otra vez niegues" (32). Pedroso había luchado por una revolución que, al final, puso a un régimen autoritario en el poder, cuya esencia era el mismo que el anterior. Muchos de los burgueses vienen disfrazados de revolucionarios y en el fondo son incapaces de iniciar una reforma revolucionaria. La voz poética ataca al burgués no de manera tan directa como lo había hecho en *Nosotros*; su crítica va directamente dirigida contra la ideología burguesa como manifestación reduccionista de un modo de vida y de una manera de percibir el mundo. El Pedroso de Yuan Pei Fu intenta ver su entorno con más claridad y afrontar nuevos desafíos que realmente no son nuevos.

El siguiente fragmento titulado "Yuan Pei Fu despide a su discípulo" es también el último poema del libro. El maestro se despide de su discípulo y le pide que encienda su pipa una vez más. No desea la pipa de jade ni de plata, sino lo que ha estado con él durante toda la vida. No quiere la de plata porque "guarda color y olor de tierra / y sabor más amargo [...] / la que engañosa me hizo ver fulgores de auroras / donde tan sólo había gris opaco del humo" (131). Esta acción le sirve como punto de partida para transmitir y compartir con su discípulo su sabiduría y consejo. Habla de la sabiduría adquirida en la vejez: "has crecido, has amado, has soñado y vivido; / mas tu fruto de vida es todavía amargo: / porque el fruto más dulce no lo da el joven árbol, / sino aquel rugoso ya ha florecido en años" (131). Le aconseja al discípulo que, para poder disfrutar de la vida, hay que vivir primero porque "vivir es dulce" (169). Más adelante, le anima a superar los obstáculos de la vida: "nada intentes forzar, bordea la muralla / nada derriba el hombre que después no levanta" (132).

En este último poema, se explica la metáfora del ciruelo que forma parte del título de la obra. El ciruelo aparece al principio del poema como símbolo del paso del tiempo: "Se fueron y volvieron las flores del ciruelo" (26). En esta parte final, el ciruelo se convierte en símbolo de conocimiento e iluminación. De acuerdo a Udo Becker, el ciruelo, por su floración temprana, es considerado por muchos asiáticos símbolo de la primavera, la juventud y la resistencia (79). Yuan Pei Fu admite que a través del acto de vivir ganó la verdadera iluminación o su ciruelo: "Como la mar sus perlas, vivir me dio experiencias, / y rico en dones ácidos encontré mi ciruelo" (132). Alecciona a su alumno sobre el cambio fluctuante de la vida y le pide seguir estos consejos en los momentos de adversidad: "Y cuando tus fiebres de odios, fe, ni amor queden, / regresa al ciruelo. / Aquí estaré esperándote debajo de sus ramas, / en la sombra sin sombra del camino más largo" (170). El ciruelo de Yuan Pei Fu representa su experiencia y su filosofía de vida. El maestro sabe que con sólo vivir, uno puede empezar a entender la vida, las personas, y por supuesto, entenderse a sí mismo. Nuestras experiencias nos definen y nos determinan. Sólo en las etapas finales, uno puede mirar hacia atrás, ver todo lo que ha sucedido y ver cómo las cosas que carecían de sentido y de importancia para entonces empiezan a adquirirla.

Como podemos ver, el ciruelo de Yuan Pei Fu es, en realidad, una teoría de la vida, del universo y del conocimiento. Es una metonimia de todo lo que ha podido aprender a lo largo de su vida como un sujeto explotado y doblemente marginado por su herencia étnica por la sociedad cubana. No hay absolutos posibles porque nadie los posee. No está estancado y reconoce que ya no es lo mismo. Este poemario no es simplemente una incorporación superficial de elementos de procedencia china, sino que es una reorganización de la estructura cultural que reclama focalizaciones alternativas. Como Yuan Pei Fu, Pedroso también les deja a sus lectores su legado, su ciruelo mediante esta última obra que publicó.

El acto de orientalizar no es tratar de dar una respuesta al orientalismo europeo finisecular, ni mucho menos de imitar a ciegas su producción literaria. Lejos de encontrar un mundo indescriptible e inalcanzable, Pedroso encontró un espacio de autoconocimiento y de redefinición. Asimismo, la faceta étnica, racial y socioeconómica de Cuba le sirve a Pedroso no sólo para reforzar el carácter antagónico del "imperialismo," o sea, occidental, sino también para arribar a una afirmación de la auténtica universalidad de la humanidad. El discurso oriental que privilegia a los "marginados" no significa que Pedroso esté perpetuando o reivindicando una práctica hegemónica europea, sino que está manifestando una alternativa a una visión exclusivamente eurocéntrica y colonizadora. Después de todo, no se trata únicamente de nombrar sino de fundar el punto de vista colonizador e inscribir intrínsecamente un encuentro cultural con sujetos asiáticos. Pedroso trata de darle sentido a su propia experiencia partiendo de su propia historia, su propio pasado, su propio contexto.

Capítulo tres

# Siu Kam Wen

## Rechazo y asimilación

Siu Kam Wen nació en 1951 en la provincia de Cantón, China. Se trasladó al Perú con su madre en 1959 para reunirse con su padre. Al concluir su educación primaria en el Colegio Chino *Sam Men* (10 de octubre), pasó a la sección nocturna de la G.U.E. Ricardo Bentín y más tarde, a la vespertina del Colegio de Aplicación de San Marcos. Su aprendizaje del idioma se dio de forma esporádica. Fue en colegios limeños donde consiguió su diploma en contabilidad y donde logró perfeccionar el español con capacidad literaria (González Vigil 466). En 1981, obtuvo una Mención Honrosa en el "Premio Copé 1981" con "Historia de dos viejos" y otra distinción similar en "El cuento de las 1,000 palabras" en su edición de 1983 por "Azucena." En 1985, debido a las estrictas leyes migratorias, emigra con su familia a Hawai después de haber vivido veinticinco años en el Perú.

Pocos meses después de su partida aparece en Lima su primera colección de cuentos, *El tramo final.* En 1988, publica un conjunto de relatos ambientados en China titulado *La primera espada del imperio*. En 2004, publica en los Estados Unidos dos novelas, *Viaje a Itaca* y *La estatua en el jardín,* y una obra ensayística, *Deconstructing Art.* En 2008, publica su novela de corte autobiográfico, *La vida no es una tómbola.* En 2009, su primer libro de cuentos, *El tramo final,* fue reeditado por la Editorial Casatomada y se considera una valiosa contribución a la literatura peruana. En 2010, esta misma editorial publica *El furor de mis ardores*; en 2012, su novela de amor *El verano largo*.

Siu, se le considera un "autor de culto" por ser leído por muy pocos, perteneció a la "Generación del 80." Según Guillermo Niño de Guzmán, se trata de "una generación del desencanto," marcada por la frustración de los sueños revolucionarios y utópicos de los años 60 y 70, por el fracaso del reformismo y por la crisis económica (8). Los cultivadores del género cuentístico se distinguen por explorar mediante una técnica neorrealista los comportamientos humanos en un mundo amenazante, incognoscible y hostil (González Vigil 24). Dentro de este grupo de escritores, el autor chino-peruano representa otras voces del "desencanto," una voz alternativa de tono menos denunciante que se aborda por primera vez el mundo de la comunidad china en el Perú desde el interior:

> Siu Kam Wen se alza como una de las voces más personales y maduras en la pléyade de nuevos narradores peruanos. Su caso es curioso no sólo porque su aprendizaje del idioma es tardío sino porque es el primero en introducir una temática prácticamente inédita en la literatura nacional: el mundo de la comunidad china peruana. Y, por cierto, se trata de una visión desde dentro que nos descubre ese territorio desconocido. (Niño de Guzmán 51)

Por medio de sus obras narrativas, Siu Kam Wen se compromete en una batalla por la comprensión y la reivindicación de las formas de vida que implican la humilde manutención de las costumbres de los chino-peruanos. Por eso, decide escribir en español no en chino:

> [...] si lo escribiera en chino ¿quién lo leería? El público que tenía en mente era el peruano, pero no estaba seguro de que ese público se interesaría en unos cuentos sobre una minoría que hasta entonces sólo había tenido una presencia mínima, periférica y casi siempre denigrante (los chinos, bien en los cuentos de César Vallejo o en las novelas de Vargas Llosa, aparecen casi siempre como personajes del lumpen), en la literatura peruana. Mi ambición era rectificar de alguna forma esa presencia haciéndola más humana, más auténtica y menos exótica; humanizar ese oriental extraño que era para la mayoría de la sociedad peruana. (Ishikawa 59)

Siu, escritor bilingüe inmerso en un complejo espacio de múltiples encuentros culturales como es el Perú, al escribir en una lengua distinta a la materna indica una opción, pero al mismo tiempo una necesidad política. Quiere ser escuchado y transmitir su cosmovisión al mundo. La decisión personal de usar el español radica en cómo expresar lo que desea en un lenguaje que alcanzaría a una amplia audiencia. Con ello, denota la presencia de otra lengua y otra forma de percibir e interpretar la realidad.

## *El tramo final*

Como mencionamos, *El tramo final*, la primera obra de género breve de Siu, apareció en 1985 después de haber migrado a los Estados Unidos. Cuando se dio a conocer en el mundo de las letras en Lima, algunos periodistas y críticos literarios dudaron de su existencia. Pensaron que se trataba de algún escritor famoso cuyo verdadero nombre se escondía bajo un seudónimo chino y creyeron que era imposible que un escritor de esa nacionalidad tuviera la capacidad de manejar el idioma con tanta destreza. Estas reacciones de incomprensible incredulidad se reflejan en las siguientes citas que aparecen en la carátula del libro: "[...] La prosa trae el relato de un improbable autor chino que es además contador sanmarquino (¿?) [...] (*El observador* 30-11-81)." La segunda cita es la siguiente: "[...] y tres cuentos de autores por ahora desconocidos: Zein Zorrilla, Walter Ventosilla y Siu Kam Wen (quien no sabemos si en verdad existe, ya que está de moda inventar escritores orientales para encubrir autores conocidos) (*La Prensa* 7-2-82)." Y la cita final en que no aparece el nombre del crítico comenta que "[...] resulta difícil, al parecer, que un natural de China pueda escribir en el lenguaje de Cervantes y, lo que es más, hacerlo con calidad (crítico anónimo)." Frente a estas reacciones de incredulidad, Siu admite que "nadie sabía quién era y cuando la gente veía mi fotografía, pensaba que era falsificada" (*Tierra de nadie,* Web). El cuestionamiento de la existencia de este escritor pone de relieve la ignorancia por parte de los críticos sobre los escritores latinoamericanos de origen asiático; recalca también el prejuicio racial y cultural sustentado por una visión hegemónica de la cultura dominante sobre la presencia de escrituras de grupos de minoritarios.

Según el sociólogo peruano Humberto Rodríguez Pastor, *El tramo final* se destaca por su valor social "por ser casi un testimonio que realmente refleja la vida de los chinos en la actualidad" (*Herederos* 239). No obstante, es importante subrayar que aunque los cuentos de esta obra reflejan la forma de vida de los inmigrantes en la comunidad china limeña, presentan temas no solamente característicos a la cultura china sino también universales, como se puede ver en la siguiente entrevista hecha a Siu Kam Wen:

> Me interesan en particular los temas que se refieren a nuestra condición humana, porque son temas que no pierden su

> actualidad con el paso del tiempo ni se circunscriben a determinado lugar, región o país. También me interesan los temas sociales, aunque éstos corren el riesgo de ser coyunturales. (Cáceres-Letourneaux 648–49)

Desborda de esta forma las limitaciones de un exotismo orientalista y consigue una tolerancia necesaria para no sólo promover una evolución saludable de la cultura nacional peruana, sino también revisar opuestos y equiparar ambas culturas: la cultura china-oriental y la peruana-occidental.

En el primer cuento, "El deterioro," relata la brecha generacional entre padre e hijo ahondada por el efecto de la transculturación. Don Augusto, el dueño de una modesta bodega de comestibles en Lima, sospecha que su hijo Héctor le ha estado robando para adquirir libros: "[…] ¡Y vaya a ver en qué ha gastado ese dinero! ¡Pues en libros!" (19). Decepcionado y atormentado, reprime severamente al hijo, empieza a vigilar su dinero y también al adolescente inspeccionando sus cosas y entrando a su cuarto. Más adelante, el tendero contrae una hepatitis seria y como desconfía de su propio hijo, se ve obligado a contratar a otra persona para ayudarle en su negocio familiar. Mientras se recupera en cama, empieza a deteriorar su condición física y su relación con el hijo. Desde la perspectiva del padre, Héctor ha perdido los buenos valores chinos porque sabe más español que él, por ende es más propenso a los vicios y a las costumbres indeseables de los peruanos:

> Soñó que estaba tirado, inerte, en el suelo de una calle […]. "Debo haber sufrido un ataque al corazón o algo por el estilo," se dijo en sueños el tendero […]. Los contornos de los rostros que formaban círculos concéntricos encima suyo habían empezado a definirse […]; y entre aquellos rostros el tendero reconoció las facciones atenazadas y enjutas de Héctor, quien lo miraba impávido […] la mirada del muchacho era fija e intensa, y en lo hondo de aquella mirada no había otra cosa sino rencor y odio. (18)

Cuando Augusto se despierta en medio de la noche, siente una horrible sensación de desamparo y comprende que "había perdido a su único hijo" (19).

En este cuento, el tema de la transculturación se advierte en la metamorfosis gradual de Héctor. Al principio, cuando se le reprende severamente por el robo del dinero, reacciona de manera pasiva, respetuosa y obediente "el chico, de pie delante suyo e incapaz de sostenerle la mirada, era presa del pánico" (12). Si consideramos la importancia del pensamiento confuciano en los valores tradicionales y en los comportamientos de los chinos, entonces, no sería extraña la actitud sumisa de Héctor hacia su padre. De acuerdo a Derk Bodde, los valores del confucianismo "had genuine importance for a very large number of Chinese, both literate and illiterate; that go far back into the roots of Chinese civilization [...] and that at the same time have continued over long epochs to exert a powerful influence in Chinese thought, in many cases unto the present days" (293). Dentro del contexto de las comunidades chinas en el extranjero, "Confucian values were transmitted to the overseas Chinese communities primarily through education [...] in the second half of the 19th century" (Yen 97). Efectivamente, el confucianismo sirvió como sistema de enseñanza escolar no sólo en China sino también en los colegios chinos de los países extranjeros. Los conceptos principales del pensamiento de Confucio tenían como objetivo principal alcanzar un orden establecido dentro de una sociedad jerárquica y autoritaria por medio de los siguientes preceptos: la reciprocidad de conducta, la fidelidad en el deber y a la autoridad, y la piedad filial o buenas acciones con la familia, puesto que quienes honran a los padres y respetan a los ancianos raramente se insubordinan ante sus superiores.

Posteriormente, con el transcurso del tiempo, podemos ver que el aspecto físico del chico empieza a experimentar ciertos cambios: "su mirar era intenso y fijo, de alguien que conoce sus propias debilidades y sus propias fuerzas y está decidido a superarlas o a hacer buen uso de ellas" (16). La transmutación del chico va de lo exterior a lo interior. El tendero observa el cambio en el carácter de su hijo:

> Durante el almuerzo, cierto día, el tendero dio casualmente un puntapié al chico, que estaba sentado enfrente suyo, comiendo en silencio. Héctor levantó inmediatamente el rostro, rojo de ira, y lo fulminó con una mirada tan intensa que por una fracción de segundo el padre pensó que le iba a devolver el puntapié [...] pues el chico se dominó de inmediato y volvió a su actitud anterior, la reacción primero y luego la extraordinaria muestra de control sobre sí mismo. (17)

El clanismo confucianal es progresivamente reemplazado por el individualismo. Héctor, dueño de su propia realidad, empieza a tomar decisiones orientado por una estrategia individual de comportamiento.

Interesa señalar también la adaptación del nombre chino al español por parte de Héctor. De acuerdo al narrador, Héctor "no se llama en realidad así" (11). Como nació en un pequeño pueblo de campesinos, tenía uno de esos nombres cantoneses difícil de pronunciar en español (11). Mediante la "castellanización" de su nombre, el hijo del tendero muestra no sólo su esfuerzo por integrarse a la sociedad dominante, sino también por conseguir una identidad individualizada equiparable a la de los peruanos nativos. Todo esto es una muestra de las diferentes fases del proceso de trancisión de una cultura a otra. Al estar expuesto a otras influencias culturales, se multiplican las posibilidades de afirmar su individualidad, y lo libera de patrones heredados y forzados. Al abandonar ciertos valores, como la completa obediencia invocada por el confucianismo, implica la adquisición y la substitución de otros valores, el individualismo.

En contraste con Héctor, Don Augusto, aunque tiene un nombre español, resiste la idea de la transculturación. Esta resistencia se ve en su aprendizaje del idioma. Tras haber vivido en Lima más de tres décadas, sólo conoce "tres o cuatro palabras" en español (11). Asimismo, el tendero es un hombre aferrado a las antiguas creencias chinas sobre el concepto del "chino puro," la pureza racial. Prefiere regresar a su tierra natal para casarse con una mujer de su misma raza (12), y expresa cierto prejuicio racial hacia los *tusans*, chinos nacidos en el Perú. Según éste, los *tusans* son "descendientes de chinos que habían hecho 'perder la cara'" o avergonzado a sus padres, y son más "propensos a las costumbres 'libertinas,' a los vicios y otros hábitos indeseables que aquéllos nacidos en el continente asiático" (10).

El concepto del "chino puro," además de estar asociado con la mezcla de sangre, tiene que ver también con el nivel de transculturación experimentado por el emigrante chino. Chee Beng Tan comenta al respecto: "Among the people of Chinese descent, some are more acculturated than others. This gives rise to the perception of 'pure Chinese' versus the acculturated Chinese. [...]. Everywhere, the 'pure Chinese' consider themselves as guardians of Chinese language and culture" (33). O sea, para los chinos, la noción de la "pureza" no solamente tiene que ver con el concepto de la raza sino también con el comportamiento y con la habilidad de los emigrantes de manejar el idioma materno. El idioma es un factor principal y dominante, siendo en particular el vehículo de la adquisición y transmisión de la cosmovisión china, de sus conocimientos y tradiciones culturales. De este modo, la pérdida del idioma implica no solamente la pérdida de la identidad cultural, sino también de todos los valores y creencias antiguas que infunden sus autoridades tradicionales.

El tema de la transculturación también se presenta en "El tramo final," título que se da a la colección del cuento. El relato se centra en la historia de una anciana china, Ah-po, que vive con su hijo el señor Chen, un comerciante exitoso, su esposa peruana Mercedes y sus dos hijos en una mansión construida en Miraflores, uno de los barrios más elegantes de Lima. A diferencia del señor Chen y su familia, la anciana no se siente a gusto en la mansión. Decide, entonces, regresar a vivir con su otro hijo en su antiguo barrio. Una vez ahí, visita todos los días la tienda de Víctor Choy, quien vive con su esposa y sus tres hijas. Las visitas diarias de Ah-po a la tienda de los Choy la hacen inmensamente feliz porque no como sus nietos que no hablan cantonés, las hijas de los señores Choy pueden mantener una conversación fluida en cantonés con ella.

Al igual que Don Augusto en el cuento anterior, a pesar de haber vivido en Lima por mucho tiempo la anciana nunca aprendió a hablar en español, excepto unas cuantas expresiones. A parte de eso, considera el idioma natal una forma de conservar la identidad cultural. En la tienda de los señores Choy, Ah-po se queja de que sus nietos no pueden entender ni "un jota del cantonés o el hakká" (26–27), dialectos chinos. Las hijas de los Choy, por el contrario, estudian en Sam Men, el colegio chino y hablan "fluidamente el cantonés" (26). Las tres chiquillas hablan el idioma porque, de acuerdo a la anciana, su padre "estaba decidido a que recibieran una buena educación china" (26). En contraste con las hijas de los Choy, los nietos de la anciana pertenecen a la nueva generación de matrimonios mixtos que no son netamente chinos, pero tampoco son propiamente peruanos, puesto que étnicamente pertenecen a dos razas distintas. Estas nuevas generaciones, en muchos casos, no aprenden chino y sólo hablan español.

Como se ha indicado anteriormente, la lengua materna representa la identidad cultural de un grupo étnico. Antonella

Ceccagno señala que "The Chinese language is considered to be a part of Chinese identity, and losing it amounts to losing an essential part of that identity" (301). Muchos inmigrantes que nacieron en China creen que todos los chinos deben hablar el idioma y por eso, ellos creen que "Chinese should send their children to Chinese-medium schools. The survival of Chinese-medium education is seen as crucial to the survival of Chinese culture and the persistence of Chinese identity" (Tan 34). Además, viviendo en una cultura ajena y distinta a la suya, el aprendizaje del idioma se convierte en la mejor forma de salvaguardar la propia existencia y de amortiguar la sensación de desarraigo y aislamiento. De la misma manera, el hecho de poder escribir y leer en chino "makes one a different kind of Chinese, a Chinese that can read Chinese and have direct access to the Chinese literary heritage with the opportunity to learn more about Chinese history, philosophy and civilization in general" (Tan 33).

De forma similar a la pérdida del idioma, la mezcla racial se ve como una especie de "contaminación" de la cultura china y un impedimento para la conservación de los valores tradicionales. Esta percepción se nota en el siguiente diálogo entre el Sr. Choy y la anciana, que describe de forma despectiva como *kuei*, "demonio" a los peruanos: "No se puede esperar otra cosa de ellos: después de todo, su madre es una *kuei*, y ellos se parecen más a ella que a su padre" (27). Y Ah-po mueve su canosa cabecilla con desaliento y lamenta: "Pero Ah-men debió haberlos puesto al menos en el Sam Men, para que no se echaran a perder completamente" (27).

La anciana muestra su resistencia a la transculturación aferrándose con terquedad a su cultura y sus valores chinos. La resistencia de Ah-po se refleja en la reafirmación de valores y costumbres cotidianos, como su insistencia en llevar la vestimenta anticuada de corte chino, que contrasta con la ropa occidental que lleva la familia mestiza de su hijo:

> Todos los ocupantes de la nueva y elegante mansión estaban a tono con ella [...] la única excepción la constituía Ah-po [...] quien aparecía como la única nota discordante en medio de tanta elegancia y tanto lujo. Aparentemente, no se había dado cuenta de que existía cierta obligación moral... sobre todo si se trataba ésta de una verdadera mansión. (22)

La trágica muerte de Ah-po al final del cuento es simbólica, pues marca un intenso sentimiento de desarraigo y soledad acentuado por la dificultad de incorporarse a la sociedad peruana y por la imposibilidad de regresar a su tierra natal:

> Tendida en medio de la pista, con la cara vuelta hacia el cielo, la anciana veía borrosamente la silueta del campanario de la Iglesia de San Francisco de Paula. Ah-po comprendió que estaba muriéndose y, aunque no podía mover un solo músculo de su cuerpo, extendió mentalmente sus dos brazos hacia los ángeles que descendían del cielo, en señal de bienvenida y de agradecimiento. (30)

El final cierra el círculo diaspórico. Es una reconciliación consigo misma con la que consigue la deseada paz interior.

En relación con la noción de la "pureza" racial, el cuento "La conversión de Uei-Kuong" articula la problemática de la constitución de una identidad estática y homogénea. Nos aproxima a una apreciación y un reconocimiento de la pluralidad, la contradicción y la inestabilidad que marcan toda identidad, tanto individual como colectiva. Este cuento es, de acuerdo a R. A. Kerr, un buen ejemplo de escritura poscolonial por el "employment of doubled, hybrid, or unstable identities" (63). El personaje principal de esta historia, Uei-Kuong, que en realidad, se llamaba "Manuel Lau Manrique," no es de ascendencia china sino un huérfano *kuei*, sobrino de un comerciante chino. A los dos años de edad, su tío lo llevó a vivir en China donde creció hasta que cumplió veintidós años. Con el advenimiento de la Revolución Cultural, Uei-Kuong decide regresar a su país de origen para empezar una vida nueva. Aunque el muchacho no posee "ni un solo rasgo físico que recordara a un chino; ni los ojos, que eran hundidos; ni la piel, que era cobriza; ni la nariz, que era muy pronunciada" (68), el hecho de que pueda hablar cantonés de forma correcta, fluida y natural, le ayuda a ganarse la simpatía de muchos emigrantes chinos y a ser tratado como parte de un mismo grupo étnico.

Lo llamativo de este cuento es que Uei-Kuong tiene que enfrentar doble impedimientos: debido a su fisionomía nadie en la comunidad china quiere contratarlo; la incapacidad de hablar español le ha impedido asimilarse a la sociedad peruana. La única forma en que el tío Keng pudo vencer temporalmente su prejuicio racial hacia este personaje era mediante el idioma que comparten, el cantonés:

> En tanto Uei-Kuong no dejara de hablar en cantonés, el Tío Keng era capaz de olvidarse completamente de su origen kuei y lo trataba con la misma confianza y la misma fe que a un compatriota suyo. Pero Uei-Kuong no podía quedarse hablando en cantonés todo el tiempo. Cuando permanecía en silencio, inescrutable la expresión de su rostro, o cuando se expresaba con lo poco que sabía del castellano, al Tío Keng le asaltaban temores y recelos repentinos. (78–79)

Asimismo, como cualquier chino adulto, Uei-Kuong, cuyo primer idioma es el cantonés, no puede hablar español "decentemente," aunque haya vivido en el país cuatro años. Como resultado de ello, el tío Keng llega a convencerse de que Uei-Kuong es chino por su comportamiento y también porque "padecía de esa ineptitud de la misma forma que cualquier chino" (81).

El cuento reprocha la vigencia de la definición de la identidad cultural fundamentada en la categorización racial como invención colonial de clasificación y subordinación de jerarquizaciones eurocentristas de los seres humanos. Esta actitud crítica se verá también en su siguiente novela, *Viaje a Itaca*. Aparte de eso, el autor recalca la importancia del idioma natal como medio a través del cual el hombre domina las relaciones con sus prójimos, su medio ambiente y su vida en general, siendo consecuentemente también un portador sumamente importante de un sistema cultural. Una de las funciones principales del idioma es la de evitar el desarraigo y crear identidad personal y cultural. No obstante, existiendo una relación recíproca entre el idioma y la identidad, el fortalecimiento del idioma materno no es suficiente para establecer y mantener una identidad positiva dentro de un ámbito exclusivista.

En el cuento "El discurso," la orientación política y las instituciones cívicas representan un punto importante de referencia para el entendimiento de la construcción de la identidad de los habitantes de la comunidad china. El cuento relata la historia de Chiang Kei-Man, un estudiante de trece años que asiste a la escuela primaria del colegio chino Sam Men en Lima. Un día el Jefe del Departamento, el señor Chen, lo llama a su despacho para pedirle que sea orador en el Día Nacional de la República de China (Taiwán) del Doble Diez que se celebra el diez de octubre. Para el director, ser orador es un deber patriótico. El chico tiene que memorizar y recitar el discurso preparado por éste. Los discursos eran siempre: "ataques virulentos contra el comunismo, contra las naciones que habían escogido esa alternativa ideológica, y contra sus seguidores y simpatizantes" (51). Al final del cuento, el joven no aparece y su ausencia se debe a una brecha generacional marcada por la posición política:

> Al señor Chen, anticomunista recalcitrante, jamás se le ha ocurrido—siquiera remotamente—averiguar las inclinaciones políticas de su alumno favorito [...] Si le hubieran dicho que Chiang Kei-Man era un extremista precoz, un admirador incondicional de Mao Tse-Tung, y que hubiera hecho cualquier cosa con tal de no hacerles un favor a los Nacionalistas, [...] el señor Chen simplemente se habría negado a creerlo. Le hubiera parecido absurdo. [...] Chiang Kei-Man se ha dormido. En sus sueños ve gigantescas banderas rojas ondearse en el aire, agitadas por el gélido viento que desde el norte de la Muralla llega hasta la Plaza Tien An Men. (56)

La afiliación política y la comunidad china constituyen partes de la identidad de los migrantes. El señor Chen es el personaje que se esfuerza por mantener e imponer esa identidad cultural y esto se ve en su hostilidad hacia el gobierno de Pekín, considerado por muchos migrantes chinos de la segunda mitad del siglo XX un gobierno ilegítimo de China.

Efectivamente, muchos de los inmigrantes post-*culíes* mantuvieron una fuerte oposición contra el comunismo. Esta resistencia se debía a varias razones: primero, después de perder la guerra civil contra los comunistas en 1949, el gobierno nacionalista, junto con las tropas supervivientes, se refugiaron en Taiwán, donde establecieron un gobierno nacionalista chino (República de China) y declararon ilegítimo al nuevo gobierno comunista. El reclamo obtuvo el respaldo de muchos migrantes o exiliados chinos del extranjero, ya que muchos de ellos salieron del país porque estaban en contra del comunismo. Segundo, la Revolución Cultural proletaria anunciada por Mao Tse-tung en los años sesenta tuvo como una de las finalidades la destrucción de los llamados "cuatro viejos": las viejas costumbres, los viejos hábitos, la vieja cultura y los viejos modos de pensar. Se llegó hasta el intento de destruir los principios ideológicos de Confucio, siendo el confucianismo una de las nociones fundamentales que han moldeado la cultura y los valores tradicionales de los chinos. Lynn Pan explica en su texto *Sons of the Yellow Emperor* que en contraposición con la China comunista, los nacionalistas:

> had made it a cornerstone of their overseas Chinese policy to promote the Chinese language (specifically the Mandarin dialect) and Chinese education in the immigrant communities [...]. And it was in the classroom that the expatriate's political loyalties to [Republic] of China were engendered and nurtured [...]. The schools were what kept the overseas Chinese communities Chinese, generation after generation, and narrowed the political vision of the residents abroad to what was happening at home, in metropolitan China. (206)

Consecuentemente, la destrucción de esos principios equivaldría la pérdida de la identidad, y las instituciones cívicas como las comunidades y las escuelas dirigidas por migrantes chinos no sólo servían para mantener y salvaguardar los valores tradicionales, sino también para infundir una orientación política anticomunista.

Volviendo al cuento, la construcción y el mantenimiento de una identidad cultural anticomunista también se ve en la celebración de las fiestas nacionales:

> El señor Chen era también el que organizaba, todos los años, las actuaciones del alumnado en las celebraciones principales de la Colonia, tales como el Día del Doble Diez y el Día de la Juventud. En todas aquellas actuaciones el señor Chen incluía infaliblemente un discurso en chino a cargo de un alumno. Por discreción, el Jefe del Departamento Chino no participaba nunca personalmente en las actuaciones, sino que se valía del discurso para hacerlo, razón por la cual éste tenía un significado especialísimo para él. (51)

En la compleja realidad del movimiento migratorio, los migrantes experimentan una sensación de desterriolización y desubicación en el país adoptivo. Por ello, la comunidad china busca conscientemente recuperar y reproducir algunas prácticas sociales e iconos culturales a fin de que los migrantes puedan recordar y reconstruir significados que les ayudan a conectar con su país de origen. Las comunidades chinas participan en la producción de la memoria colectiva y social de los migrantes porque toda esa reproducción "can prove essential as it provides luminal communities with a sense of continuity of their cultural traditions so necessary for the restabilization of their identity—their sense of social self—in a foreign land" (Kuah-Pearce & Davidson 3).

En el relato "Los compadres," los personajes tratan de adaptarse y de ser aceptados por la comunidad peruana, conservando, no obstante, ciertos aspectos culturales propios de la cultura china. El cuento empieza con la historia de *lou* Chou y *lou* Lam quienes llegan a conocerse en el barco que los lleva al Perú para una vida mejor. *Lou* en este contexto, significa "viejo" y es una expresión empleada en el trato familiar. Después de arribar al lugar destinado, ambos emprenden rumbos diferentes pero su amistad continúa. Transcurridos los años, Lam empieza a tener éxito en su negocio mientras que Chou continúa siendo un modesto tendero. El éxito y el compadrazgo con *lou* Lam constituyen, consecuentemente, un motivo de frustración para el tendero. Un día, sucede un accidente en donde se encendía la industria de *lou* Lam y al darse cuenta de lo que pasó, *lou* Chou y su esposa no pueden evitar sentirse aliviados y complacidos ante el infortunio de su compadre, aunque superficialmente trataron de comfortarlo. Algún tiempo después, *lou* Lam le invita al tendero y a su familia para una cena en su mansión y le confiesa a *lou* Chou la suerte que ha tenido con el incendio: la fábrica se estaba yendo a quiebra, pero tenía pólizas de seguro contra el incendio. El sentimiento de satisfacción y de *schadenfreude* que había gozado *lou* Chou con el incidente de incendio se vienen abajo:

> Muy dentro de él, en la parte más íntima de su ser, algo había comenzado a desmoronarse, lenta pero inexorablemente [...]. A la mañana siguiente, *lou* Chou se despertó indispuesto y, por vez primera en más de diez años, no pudo salir a la tienda a atender a sus parroquianos. Quizá la culpa la tuvo la gran cantidad de licor que había ingerido, o quizá fue porque el *páu-yui* no estaba del todo fresco. Quizá. (68)

A diferencia de los relatos mencionados, los personajes de este cuento se esfuerzan por incorporarse a la sociedad, adaptándose a las conductas y creencias propias del contexto social en que están situados. Los hijos de *lou* Chou, por ejemplo, "recibieron el sacramento del bautismo en la Iglesia del Carmen de los Barrios Altos" (58). Asimismo, el tendero, que solamente entiende algunas palabras y expresiones coloquiales en español, compraba periódicos y "les echaba una ojeadita a las fotografías y a los titulares" (60) para estar al tanto de los precios y de lo que pasaba en su entorno. *Lou* Lam, por su parte, al conseguir un estatus con su negocio, decide gastar su dinero en cosas materiales, adquiriendo "carros de modelos del año y a edificar una mansión en San Isidro" (59).

Estos comportamientos y creencias contrastan con la axiología que rige la existencia de los otros chinos. La vida de éstos está regida por la frugalidad y el sacrificio en aras de un bienestar familiar basado en un exigente sentido de abnegación. El trabajo, en su dimensión más práctica, está determinado por la privación de los placeres inmediatos, la inhibición e, inclusive, la renuncia a una vida material.

A pesar de los intentos de los personajes por integrarse a la sociedad, encontramos, no obstante, cierto aspecto cultural propio de la China. Como la idea de "la cara." Esta idea es algo similar al concepto occidental de una buena reputación. Muchos lo consideran un elemento sociocultural universal. Si bien las formas de presentación y adaptación en sociedad atraviesan diversas sociedades en diferentes épocas, entre los chinos cobran una importancia vital. Dentro del contexto social chino, la cara o *lian*, representa: "the confidence of society in the integrity of ego's moral character, the loss of which makes it impossible for him to function properly within the community. Face must be protected from being lost precisely because of the demoralizing repercussions which otherwise follow" (Ho 873). Dicha concepción es el resultado de la valoración que la sociedad china otorga a las jerarquías sociales de estatus o clase y a las conductas pertinentes dentro de cada una de ellas, tanto por parte de los sujetos como de sus grupos de allegados, como familiares y amigos. En ese sentido, la penuria económica supone para *lou* Chou "la pérdida de la cara," de su respetabilidad dentro de su red social. En el cuento, después de la ceremonia del bautizo de sus hijos, *lou* Chou organiza un pequeño banquete "derrochando los ahorros de casi un año en una sola noche" (58) y para acortar la brecha económica que la separa de su compadre y para "no perder la cara," *lou* Chou decide comprar un Chevrolet de segunda mano (59). En las fiestas de cumpleaños o navideñas, para "no perder la cara," "*lou* Chou gastaba en ropas y regalos más de lo que un simple tendero estaba en condiciones de gastar" (60). La valoración social relativa a la cara no solamente incumbe al individuo, sino que se extiende a su red de relaciones sociales, de acuerdo a la cercanía existente con respecto a aquél.

## *Viaje a Itaca*

En la novela *Viaje a Itaca*, el protagonista-narrador relata de forma retrospectiva la historia de un viaje realizado de Hawai a Perú.

Escribe para recordar los acontecimientos del pasado, abarcando la temporalidad del pasado, desde la perspectiva de su presente, y se orienta hacia una interpretación de la realidad partiendo de un enfoque socio-histórico, político y marginal. El título de la novela hace referencia a *La odisea*, la gran epopeya en la cual Ulises, tras un largo viaje lleno de múltiples peripecias y vicisitudes, regresa finalmente a su hogar, una isla llamada Itaca. Al igual que el héroe griego, el narrador de esta novela, regresa a lo que en principio considera su patria, el Perú, después de una larga estancia en los Estados Unidos. El motivo del viaje es triple: desea conocer mejor a la hija de su padrino, Rosa, para ver si existen posibilidades de un noviazgo; estar presente en las elecciones presidenciales que iban a tener lugar en unos días; recorrer y revivir el pasado.

Esta novela fue escrita en 1991 en pleno apogeo de la popularidad del mandatario Alberto Fujimori y mucho antes del derrumbamiento escandaloso de su presidencia y gobierno. El narrador no muestra simpatía por Fujimori. Cuando lo ve en un debate presidencial en la televisión lo describe de la siguiente forma:

> Un hombre cincuentón, bien acicalado, de cabello negro y liso y lentes delgados, habría podido pasarse por un ejecutivo japonés de visita en el país, de no ser por su buen dominio del idioma castellano, que hablaba con el ligero acento de un hombre que ha pasado parte de su vida entre los indios; pero él no mostraba nada de esa afabilidad que es proverbial de los japoneses. Al contrario, a pesar de lo breve que había sido su paso por la pantalla, me dio la impresión inequívoca de ser un personaje de gran cinismo, y un hombre demasiado astuto y arrogante para su propio bien. (29)

Después de la primera vuelta en las elecciones nacionales, el narrador comenta el ambiente político que se vivía en el Perú: "La élite blanca del país se sintió menos ofendida por la virtual derrota de Vargas Llosa que por la posibilidad, casi absurda, de un hombre de ascendencia asiática convertido en el primer mandatario de una nación cuyas riendas políticas habían estado tradicionalmente en manos de los criollos" (19). Con estas palabras, describe la estructura social del poder en el Perú. La sociedad peruana, como ya se mencionó, es una sociedad multirracial compuesta por diversos grupos étnicos y la categorización racial se basa en la apariencia física de las personas que forman los diversos estratos. Dentro de este contexto, los inmigrantes, tanto los chinos como los japoneses, se enfrentan a una sociedad peruana prejuiciosa y discriminatoria que genera tensiones sociales. Son tensiones profundamente arraigadas en la historia del Perú, como apunta el narrador: "Los prejuicios raciales no son un fenómeno social nuevo en el Perú. En un país donde los niños se les enseña desde temprana edad a distinguir entre criollos y mestizos, entre negros y zambos, entre indios y cholos, y entre mulatos e injertos, difícilmente pudo haber sido de otro modo" (52).

Se trata de un sistema que funciona como un ciclo racista y la historia de los chinos en el Perú está ubicada dentro de este ciclo. Con motivo a una visita a uno de los cementerios de Lima, hace la siguiente reflexión sobre la presencia de los chinos en la historia peruana: "[…] el Presbítero Maestro es también la morada final de muchos otros individuos de condiciones más humildes y proezas menos heroicas, como son los culíes chinos que habían vivido en servidumbre en las grandes haciendas de la costa y en las islas guaneras […]" (33). La experiencia *culí* nos ayuda a trazar un panorama complejo formado a través de una secuencia de convivencias y discriminaciones; para ello, ofrece una "Cronología Criminal del Perú" empezando desde 1530 hasta 1985, en donde detalla algunos de los acontecimientos históricos que condujeron a la masacre de trabajadores chinos:

> 1881 16 de enero. Saqueo de Lima.
> Después de la batalla de Miraflores y con las tropas de ocupación a punto de entrar a Lima, un populacho encabezado por oficiales del ejército en retirada saquea e incendia las tiendas de los chinos, en venganza por la colaboración que miles de culíes de esa nacionalidad prestan al ejército invasor. Según Spenser St. John, el enviado británico en el país, unos 70 chinos son muertos en el curso del saqueo.
>
> 1881 Febrero. Saqueos y matanzas en Cañete.
> Con Lima ocupada y el país en desorden, la población india y negra de Cañete se alza para saldar una vieja cuenta con los culíes chinos que viven y laboran en el valle. El pretexto es el altercado entre uno de los orientales y una morena durante el carnaval. Según el cálculo conservador de Juan de Arona, unos mil culíes son muertos en un día de desmanes desaforados. Sólo los trabajadores de la hacienda Casablanca escapan de correr la misma suerte, parapetándose hasta que un destacamento de chilenos es despachado—después de unos cuatro meses—al lugar a restablecer el orden. (99)

Estas escenas pretéritas nos obligan a detenernos en fragmentos olvidados de la historia, presentando a diferentes actores en situaciones de violencia. Es un tipo de memoria declarativa, enunciada por los actores. Su función es mantener vivo ese pasado para rectificar y prevenir la realización de acciones similares en el futuro.

Posteriormente, en una visita a la catedral de Lima, el narrador conoce a una guía cuyo apellido es Santa Cruz y se pregunta si es pariente del famoso poeta Nicomedes Santa Cruz. Cita, entonces, fragmentos de su poema titulado "Fue mucho el tejemaneje," que fue escrito con la intención de satirizar un congreso sobre el mestizaje que tuvo lugar en Lima en 1965. En dicho evento, los exponentes llegaron a conclusiones estereotipadas de los diferentes grupos étnicos sintetizadas en la siguiente cita:

> En el país del complejo
> y la discriminación
> se armó una gran reunión
> para estudiar el pellejo
> [..................................]
>
> Luego, una señora hablando
> contra el inmigrante chino,
> dijo que "el chino cochino
> ingresó de contrabando."
> Que no hay en el mundo infando
> bicho que se le asemeje.
> Por más que se le aconseje
> no entiende de religión...
> Y así acordó la sesión declara al chino: hereje.
>
> Se habló del Hijo del Sol
> mezclado con sangre hispana,
> y aquí la asamblea vana
> vitoreó al pueblo español (116–17)

Este poema hace eco a las concepciones retrógradas, racistas y seudocientíficas que circulaban en Perú sobre los grupos étnicos no caucásicos durante el siglo XIX. El hecho de que Santa Cruz haga hablar a una señora cualquiera ("Luego, una señora hablando / contra el inmigrante chino") que no tiene ninguna autoridad se debe a que su incorporación consciente en el poema menoscaba las opiniones que se presentan sobre el mestizaje peruano. Ridiculiza, de esta manera, la idea de establecer una correlación entre lo biológico y lo moral, y los puntos suspensivos de los versos indican que existe una historia invisible. En este acto de extracción vemos la carga de un sistema que funciona como un ciclo de racismo y xenofobia. El autor aclara, de esta forma, las manipulaciones sistemáticas y discursivas manejadas por naciones e instituciones para poder someter, y a su vez, controlar la amenaza del "otro."

Al final de la novela, el narrador reflexiona lo que significa ser ciudadano de un determinado país: "¿Qué significa ser peruano, o ser chino, o ser estadounidense?":

> Por otro lado, tengo una idea menos clara de lo que es patria. ¿Qué país debo considerar como mío? ¿China, donde nací? ¿O el Perú, donde he pasado la mayor parte de mi vida? Ignoro qué soy, pero sé lo que no soy: no soy un chino cien por ciento, y no soy un peruano cien por ciento. "Soy tres veces apátrida," ha dicho alguna vez Gustav Mahler, el gran compositor y director de orquesta, "como un nativo de Bohemia en Austria, como un austríaco entre los alemanes, y como un judío en el mundo." Sustituyan algunos de los nombres propios, y esa famosa cita pudo haber venido de mis labios. (149)

La reflexión ilustra lo problemático que es la búsqueda de identidad para personas como Siu, que oscilan entre dos o más países, entre dos o más culturas, entre dos o más formas de pensar y de escribir.

## *La vida no es una tómbola*

*La vida no es una tómbola*, su obra más autobiográfica, es la versión novelada de su cuento "El deterioro," incluido en su colección de cuentos *El tramo final*. En esta obra, presenta la historia del personaje principal, Héctor, y con ella la vida de migrantes que llegaron al Perú a mediados del siglo XX. La novela abarca un marco temporal que va de principios de los sesenta hasta casi mediados de los noventa. La mayoría de los migrantes que llegaron durante esta época colocaron pequeñas almacenes en Lima y en otros sitios del Perú. Algunos de ellos lograron el éxito económico y se integraron en la clase media peruana; muchos, no obstante, no llegaron a esas altas posiciones ni a asimilarse. Algunos, con el dinero que ganaron, emigraron a otros lugares o volvieron a China; otros se mezclaron con la población nativa y formaron familias mestizas. A través de esta novela, Siu nos ofrece un acercamiento más humano y realista de ese mundo poco explorado que es la comunidad china:

> Más que presentar algunos rasgos de la cultura china, lo que quería era mostrar que los chinos también amamos, nos equivocamos, tenemos odios y que no somos solamente fríos y que hablamos mal el español, como se nos ve desde afuera con prejuicio, sino que somos como todos los seres humanos. Mi intención era desmitificar esa idea prototipo que se tiene de los chinos, ya que no somos personajes de cartón, sino que también tenemos alma. Además, no quería retratarlos de una manera costumbrista, sino que quería realizar algo parecido a lo que hizo José María Arguedas con los indios: retratar a los chinos desde adentro y no con una visión sesgada desde afuera. (Sinche López, *Diario Expreso*, Web)

Si consideramos el exotismo como producto de un orientalismo que sigue un patrón dominante de "imaginar," "definir" un Oriente otro, Siu intenta en sus obras desmitificar el aspecto exotizado de un sujeto "otro" en el marco peruano y en Occidente.

El título que se da a la novela es una referencia a la canción que la actriz española Pepa Flores popularizó en la película *Tómbola*. De acuerdo al escritor, aunque es una canción de amor, "la vida de los tenderos, por supuesto, es cualquier cosa menos una tómbola" (326). Esta dificultad representa no solamente la contracara de los sueños y esperanzas que alentaron a muchos inmigrantes chinos a establecerse en el Perú, sino también la realidad y la fricción de la brecha generacional. Desde el punto de vista de su enunciación, la novela posee un carácter retrospectivo. En las últimas páginas de *La vida no es una tómbola*, sin embargo, la voz narrativa revela que la historia está narrada cronológicamente y que representa una parte importante de su propia vida; de ese modo, la obra adquiere la condición de una autobiografía.

La obra se fundamenta en un *Bildungsroman* como hilo narrativo, ya que Héctor realiza su aprendizaje de la vida mediante un conjunto de aventuras y desventuras que conforman su personalidad. Cada una de las fases de la etapa de la vida de Héctor narrada en la novela está marcada por la adquisición de alguna enseñanza, gracias al empeño que pone en obtenerla, o gracias al azar de la existencia o de las determinaciones del medio en que le toca vivir. No obstante, la formación del joven protagonista está siempre en inexorable atadura con la figura paterna. Al comienzo del texto, vemos de forma implícita las divergencias con el progenitor:

> Los primeros días en que don Augusto lo obligó a atender al público vestido del guardapolvo el chico sintió que se moría de vergüenza. Hizo una rara demostración de rebeldía: se quejó de estar indispuesto y permaneció en su cuarto sin salir, mientras el padre echaba humo y pestes afuera. Pero como era imposible fingir indefinidamente, tuvo que levantarse de su cama al segundo día y salir, a regañientes, con el guardapolvo puesto. Como ahora. (10)

Con el transcurso del tiempo, el adolescente sufre un cambio que afecta las relaciones con el padre. Le irrita la peculiar idea de la vida del padre y considera la vida de un tendero como algo "inicuo" (38). Todo esto hace de la vida del muchacho un acontecer desgraciado que se suma a las limitaciones económicas y materiales que el jefe de la familia impone. Dentro de ese ambiente, obligado a realizar una vida dedicada al negocio, que lo ocupa casi todo el día, el muchacho desarrolla una lucha por realizar sus deseos de estudio. Dentro del aprieto que padece, lee cuando y como puede. Héctor es de los pocos emigrantes chinos que logra salir del círculo cerrado de su comunidad, va a la escuela y consigue nuevas amistades. En su intención de estudiar, que es tanto un modo de rebelarse contra el dominio del padre, representa no sólo una forma de liberarse y escapar de su tutela, sino también vincularse e integrarse en la heterogénea comunidad limeña.

Al igual que Héctor, Maggie, una joven bella, que pertenece a la segunda generación de emigrantes, resiste la idea de acabar llevando una vida abatida e improductiva de tendera: "No quiero terminar siendo la mujer de un tendero; es suficiente haber sido la hija de uno. Estoy harta de esa vida miserable. Es un oficio que no da tiempo para nada, que esclaviza como ningún otro; que roba de nosotros la juventud y los goces más simples de la vida [...]" (177). En la novela vemos el conflicto generacional marcado por los valores tradicionales, como el padre de Héctor y otros inmigrantes de primera generación, e intereses y aspiraciones personales, como Héctor y Maggie. R. A. Kerr, en su análisis sobre las obras de Siu, indica: "the predominantly negative consequences of the inevitable encroachment of Hispanic culture on the *colonia china*. Likewise implicit is the problem of achieving and maintaining a positive sense of individual identity within the minority group itself and within the Hispanic society as a whole" (58). Tenemos a personajes como Héctor y Maggie y las generaciones descendientes que poseen una nueva perspectiva hacia la forma de adecuarse y de ser aceptados por la comunidad limeña. Difiere de la conceptualización de lo que implica "a positive sense of individual identity" consignados por los inmigrantes de primera generación. Ignacio López-Calvo concuerda con la apuntación de Kerr y comenta que: "Sino-Peruvian shopkeepers' work ethics follow an old tradition of Chinese peasants' self-exploitation" ("Sino-Peruvian Identity and Community as Prison" 75) que produce "intergenerational clashes that create fissures and boundaries within communities" (88). Existe un conflicto entre el sentido que gobierna la vida de estos inmigrantes, vida determinada por el esfuerzo de hacer una fortuna y por el sacrificio, y por la renuncia a las ambiciones y deseos individuales. Al final de la novela, el hermano de Maggie, como jefe de familia, se marcha a los Estados Unidos con su familia, dejándola a ella como encargada no sólo del almacén familiar sino también de su madre. Como consecuencia de los valores de los emigrantes chinos en el Perú, Maggie termina soltera, condenada a llevar una vida monótona, gris y estéril de tendera. Este encargo la ata a una labor ingrata y la estropea física y psicológicamente.

Mientras que para Héctor lo importante es la literatura y la lectura, para Don Augusto, como hombre práctico, lo más importante y seguro es el dinero:

> El tendero estaba convencido de que los libros no servían para nada y que la educación era una pérdida de tiempo. Él había logrado poner una tienda, ser lo que era hoy, y vivir sin estrecheces sin haber tenido mayor educación que la que había recibido en la escuela primaria de su remota aldea. ¿Por qué habría Héctor que ser diferente? (17)

El valor del dinero es tan intenso que no sólo reprime la vocación del hijo, sino también impide la continuación de sus estudios por temor a que se convirtiera en un hombre de letras. De acuerdo a su axiología, es una carrera poco rentable, ya que entraña actividades inútiles e improductivas. Uno de los acontecimientos más traumáticos se produce cuando el padre lo saca del colegio y le corta la posibilidad de ganar los conocimientos que le permitirán acercarse más a las letras y le darán la capacidad necesaria para ingresar a la universidad: "Su decisión de sacar a Héctor del colegio había tenido menos que ver con la enfermedad repentina de su dependiente que con su afán de dar al chico la 'educación mundana' que creía que necesitaba. Cuando vea que el dinero no se gana fácilmente, se había dicho el tendero, se le pasarán todas esas estúpidas ideas acerca de ser un letrado" (140). La frugalidad como virtud y como forma de vida rige los comportamientos de muchos migrantes chinos de la primera generación. Los jefes de familia están empeñados en hacer ahorros a costa de sacrificios máximos en todos los aspectos, específicamente, en los referidos a la vivienda, a cosas materiales, a la educación, excepto si existieran razones utilitarias:

> Ni don Augusto ni don Manolo parecían darse cuenta de que vivían en la pobreza o al borde de la pobreza; su miseria material no parecía molestarlos en absoluto; ni parecían avergonzarse de no tener un carro propio, una casa separada [...]. Era como si la pobreza generalizada de su entorno se hubiera contagiado a ellos [...]. Los observadores de afuera llamaban a eso tacañería; los hermanos preferían pensar de eso como una actitud de prudencia. (73)

La parquedad de las condiciones de existencia de muchos inmigrantes es para, por un lado, acumular riqueza con el fin de lograr seguridad y bienestar económico: "the success of a business compensates for the period of working as a 'slave'" (Pieke 34); por otro, "amansar una pequeña fortuna y esperar por el fin de la guerra para volver a China con toda su familia" (111). La idea del retorno es fundamental y está fuertemente presente en la conciencia de los personajes.

Si bien algunos emigrantes usan el dinero en una vida más cómoda con la adquisición de cosas materiales, otros, en general, experimentan un penetrante sentimiento de desarraigo que se ve enfatizado por la imposibilidad de volver a su país de origen por razones políticas, pues en China impera el régimen comunista de Mao. El deseo de irse del Perú se torna imperativo cuando se produce en el país el golpe militar de Juan Velasco Alvarado y se inician las reformas sociales que les hace temer la llegada del socialismo: "una semana más tarde, don Lorenzo vio sus temores confirmados cuando la junta nacionalizó las instalaciones petroleras de Talara y declaró el 9 de octubre el Día de la Dignidad Nacional" (119). Aparte de eso, la novela nos plantea el sentido de vacío y exclusión que marca a una generación de inmigrantes que llegan a Latinoamérica sin ninguna familia y que mueren de la misma manera. Es simbólico la sensación de una soledad irreparable que acarrea el vivir olvidado en una sociedad en donde la esperanza termina siendo nada más que un sueño, como podemos ver en el caso del señor Lo, que no se siente aceptado como peruano: "Yo sé que a mí me gustaría que me enterraran en el cementerio de mi aldea natal y no en el de Lima, cuando me llegue el turno de morir. Por más agradecido que estemos del Perú, estamos sólo de paso por sus tierras, nunca seremos algo más que turistas" (67).

Como parte de este sentimiento, se evidencia el pensamiento xenofóbico denotado por la exclusión y rechazo de los inmigrantes chinos. Las autoridades responden a este sentimiento con la prohibición de la emigración china: "Eran los años de la dictadura del General Manuel A. Odría, quien era enemigo acérrimo de aceptar inmigrantes de origen asiático y quien, entre las primeras cosas que hizo cuando tuvo el privilegio de sentar su culo en el sillón tallado de San Martín, fue prohibir la entrada de los chinos al Perú" (14–15). En este contexto, la novela revela la hostilidad y la agresión que reciben los chinos en el proceso de asimilación y aceptación en la sociedad de acogida, y despliega la desconfianza que despertó en los inmigrantes durante su inserción. Cuando Héctor decide ingresarse al G.U.E. Ricardo Bentín, uno de los colegios nacionales del Perú que ofrece clases nocturnas, su amigo Pocho lo lleva al colegio para hablar con el secretario de la universidad. Al llegar, algunos estudiantes "los miraron con una expresión tanto de sorpresa como de burla" (171). Uno de ellos, que aparentemente conoce a Pocho, proyectó una sonrisa "taimada y canturreó Choy Choy" (171):

> Pocho se detuvo y lo enfrentó.
>
> —Vargas, estás buscándote una paliza.
>
> El otro siguió sonriendo, pero dio instintivamente un paso hacia atrás. Eso pareció satisfacer a Pocho, quien se volvió sin decir otra palabra y reanudó su camino.
>
> —A estos cholos hay que mostrarles que no se te pasea el alma por el cuerpo —dijo casualmente—, o si no no te darán un momento de tranquilidad. (171–72)

Más tarde, cuando entran para hablar con el secretario de la universidad:

—Oh, eres tú, Choy —gruñó—, ¿Qué es, esta vez?
—No soy yo el que le va a dar problemas, señor Verástegui —le dijo Pocho—. Es este muchacho que tengo a mi lado. Él es un chino de la China, como yo, y quiere saber si alguien como nosotros puede matricularse para las clases de la nocturna en este colegio.
—No me vengas con cuentos —cortó el secretario—. Eres tan peruano como el guano, y tu amigo es probablemente lo mismo.
—Gracias por llamarme mierda —dijo Pocho, que parecía estar acostumbrado a estos pequeños duelos verbales con el secretario—. Pero, en serio, señor Verástegui, este chico aquí es chino; tiene un carnet de extranjería en vez de una partida de bautizo. Quiere entrar a la nocturna, y necesita saber si está permitido.
El otro se rascó la cabeza y pareció sumarse en una profunda reflexión.
—Con tal que tenga sus certificados de estudios en orden y en cristiana— dijo finalmente—, no veo por qué no pueda. La educación es gratuita para todos en este país, y con "todos" supongo que podemos incluir a tu primo también.
—Él no es mi primo.
—Qué más da —dijo el secretario. (172–73)

El narrador se sitúa con relativa objetividad para contemplar e interpretar la trayectoria de los chinos inmersos en una sociedad caracterizada por la incomprensión y el desprecio hacia los inmigrantes chinos: "Eres tan peruano como el guano, y tu amigo es probablemente lo mismo" (173).

Finalmente, en *La vida no es una tómbola*, vemos la inclusión de dichos chinos como "en tierras extrañas hay que adoptar usanzas y tradiciones extrañas" (42), "Si algo no da plata, entonces es una pérdida de tiempo" (97), "el arroz quemado del vecino es mejor que el que se sirve en su propia casa" (98), y "los ojos de una rata en la cabeza de una culebra" (37). Este último dicho refleja la tendencia de los chinos de juzgar la personalidad de una persona de acuerdo a su apariencia física. Como Don Augusto desconfía del amigo de Héctor por la forma de sus ojos: "Con crueldad y pretensiones de fisonomista, describía como 'los ojos de una rata en la cabeza de una culebra.' El tendero solía advertir a su hijo que alguien con semejantes facciones no era de fiar" (37). Los dichos crean un juego interesante al entrelazar en la narrativa un elemento cultural profundamente enraizado en el pensamiento chino. Los refranes sintetizan la creencia de los chinos; son observaciones acuñadas por la experiencia colectiva a lo largo del tiempo. Constituyen el bagaje cultural del pueblo en los que la tradición oral pasaba la sabiduría popular de una generación a otra.

En las obras de Siu tenemos a un narrador omnisciente que nos comunica con conocimiento total y absoluto de todo, no sólo los sucesos exteriores, sino también de los sentimientos íntimos de los personajes. Sin embargo, la actitud que adopta el narrador no es de todo objetiva. De hecho, Maan Lin comenta en su artículo que la postura que adopta la voz narrativa oscila constantemente entre el mundo chino y el peruano: "la ambivalencia entre la mayoría peruana y la minoría china, la oscilación libre entre las dos posturas, a veces criticando y a veces defendiendo tanto a la mayoría peruana como a la minoría china" (199). Efectivamente, el contacto de diferentes culturas produce identidades diferentes y, por consiguiente, fragmentadas. Esta ambivalencia se debe a que se trata de una identidad que está en permanente proceso de selección, reconstrucción y redefinición.

En *Viaje a Itaca*, por ejemplo, el narrador visita a uno de los cementerios y comenta que algunos de los chinos enterrados en este lugar habían sido "menos afortunados con su nombre" (33). Es decir, la adaptación del nombre español, se convierte, según éste, en una "caricatura de sus nombres de origen." Por un lado, la voz narrativa parece criticar la práctica de la transculturación lingüística sufrida en el Perú; por otro, el narrador refleja la idiosincrasia de la mayoría peruana desde una perspectiva transculturada y, desde esta postura critica algunas prácticas y costumbres chinas tachándolas de anticuadas y retrógradas:

> Buscaba, más bien, criticar muchas prácticas que los chinos trajimos al Perú, como: los matrimonios arreglados, los prejuicios y el menosprecio que hubo por la educación, los primeros chinos no veían bien enviar a sus hijos a las universidades, siempre se ha querido que los hijos continúen el negocio familiar, lo cual es muy tradicional. (Sinche López, *Diario Expreso,* Web)

Asimimo, como ha notado Maan Lin, la oscilación constante entre las dos posturas también se ve en la siguiente cita: "Héctor... tenía uno de esos nombres que, traducidos al castellano por algún funcionario menor de la Gobernación de Hong Kong, con seguridad un cantonés, suenan horriblemente a golpes de metal" (11). Para muchos, el sonido del idioma chino, especialmente el cantonés, suena como "golpes de metal," nada encantador al oído. Sin embargo, cabe preguntarse si el autor pretende subrayar o satirizar los prejuicios que sienten los peruanos hacia los nombres chinos y hacia el sonido de la lengua china en general o si sencillamente está exponiendo la concepción de la mayoría de los peruanos con respecto al sonido del habla chino.

Los términos chinos transcritos fonéticamente abundan en las obras de Siu. Con respecto a este punto, Kerr arguye que la incorporación de estos términos reproducidos fonéticamente y la inclusión de un glosario al final de sus obras son estrategias muy utilizadas en los textos postcoloniales para señalar "the complex social hierarchy within the Chinese community in Lima" (58) y para reforzar el carácter multicultural del texto: "Such a strategy serves to formalize the cross-cultural character of the linguistic medium" (58). Volviendo a la teoría de Rama, el cantonés transcrito fonéticamente al español se debe a que por un lado éste es el dialecto más hablado en el Perú; por otro, es para darle credibilidad y originalidad al texto. No obstante, huelga destacar que esta "transcripción fonética" del habla cantonés es una invención enteramente artificiosa en el sentido de que "the Cantonese pronunciation offers little help in solving the phonological problems" (Horton 956). Es difícil establecer paralelismo entre español y cantonés, y sin la inclusión del glosario, dificulta más la comprensión del texto. Partiendo, entonces, de la proposición y definición de transculturación, Rama analiza el proceso de la literatura transcultural en el nivel lingüístico. El crítico se ocupa de la lengua que utilizan los narradores de la transculturación. Según él, para "prolongar los conceptos de originalidad y representatividad" y para darle una "ambientación realista" (*Transculturación* 42), el narrador tenía que encontrar para sus personajes una lengua literariamente verosímil pero al mismo tiempo una invención enteramente artificiosa. El problema reside en trasladar la cosmovisión de una cultura adaptada a una sintaxis y a un léxico de un idioma, como el chino, a otra sintaxis diferente como la española. Para darle un sentido realista, el narrador reconstruye "las fonéticas dialectales" (*Transculturación* 40) de la obra, creando así una lengua artificial donde combina el léxico regional con las deformaciones fonéticas dialectales.

Las palabras transcritas en las obras de Siu incluyen nombres de los personajes, como lao Chen, Uei-Kuong, títulos familiares como "A-má" y "Ah-po" que significan madre y abuela. Vemos también expresiones como *Sén-hák*, término para indicar inmigrante nuevo, o *kuei*, que literalmente significa "demonio" y es una expresión despectiva que los chinos utilizan para referirse a los extranjeros, especialmente los occidentales y, en este caso, los peruanos. La presencia de los términos cantoneses relacionados con la raza muestra que, dentro de la comunidad china, existe una jerarquía racial en la que los *kueis* ocupan el lugar más bajo de la pirámide estratificada y en la cúspide están generalmente los *Sén-hák*, los inmigrantes chinos. Existen también palabras como *chifa*, de origen cantonés, que con el transcurso del tiempo forman parte del inventario léxico de todos los peruanos (Horton 956). El uso del lenguaje local imprime a toda la obra narrativa de Siu una conexión permanente con la fuente de su inspiración, los pueblos chino y peruano. Todo ello refleja la realidad social y personal de muchas personas chino-peruanas que no son totalmente chinas ni tampoco totalmente peruanas, sino que son algo nuevo, surgido de la unión de las dos culturas.

Las obras literarias del escritor sino-peruano contribuyen al conocimiento de la inmigración china en el Perú. Trazan, desde diferentes perspectivas, el problema de identidad en el proceso de adaptación, inserción e integración de los colonos chinos en la sociedad peruana. Consolidan una parte de su identidad, como la conservación del idioma natal y de la axiología, al mismo tiempo, participan de la identidad nacional en un proceso histórico permanente de construcción y de reconstrucción. Asimismo, la existencia de ciertas instituciones cívicas de la colonia china, como la Sociedad de Beneficencia, clubes sociales y sus colegios de instrucción primaria y secundaria, sirve para la revitalización y redefinición de vínculos con las comunidades de origen chino.

Al leer las obras de Siu Kam Wen, nos adentramos en un mundo distinto, nos encontramos con la voz de un inmigrante. Es una voz que proviene del sujeto mismo, desde el interior de la comunidad china en el Perú que reclama ser reconocido y aceptado. El escritor nos lleva al mundo de su ambiente para revelarnos algunas facetas de las preocupaciones, de las vidas, los conflictos, las relaciones existentes en estas comunidades de inmigrantes. Se marca, de esta forma, la presencia de los nuevos colonos chinos en el nuevo continente, y la rescatan de la marginalización y del olvido.

Partiendo de la realidad multifacética puramente latinoamericana, las obras de Siu proporcionan espacios de encuentro, de conflictos y de coexistencia de razas y de culturas:

> The cultural production emerging out of the contradictions of immigrant marginality displaces the fiction of reconciliation, disrupts the myth of national identity by revealing its gaps and fissures, and intervenes in the narrative of national development that would illegitimately locate the "immigrant" before history or exempt the "immigrant" from history. (Lowe 9)

Podemos inferir, entonces, que las obras de Siu corresponden parte de una literatura que consigue manifestar un tema universal que no depende de la división Oriente/Occidente. El escritor busca una trascendencia en sus obras aún cuando la situación se enfoca específicamente en un determinado grupo étnico-social. Las preocupaciones son humanas y van más allá de sus limitaciones. Asimismo, el hecho de que el escritor haya escrito sus obras en español recalca la importancia de esta exposición, ya que alude a un posible público inmediato que sería el peruano. De tal manera, se puede ver una intención deliberada de Siu de insertar el tema chino dentro del imaginario peruano.

**Capítulo cuatro**

# Óscar Wong

## Dinamismo y armonía

Óscar Wong, poeta, narrador y ensayista, nació en Tonalá, Chiapas en 1948. Ha sido autor de numerosas obras literarias, entre las que se destacan están sus poemarios, *Rubor de la ceniza* (2002), *Fulgor de la desdicha* (2002), *Razones de la voz* (2002), *Espejo a la deriva* (1996), *A pesar de los escombros* (1995) y *Enardecida luz* (1992); una colección de cuentos, *La edad de las mariposas* (1990); y libros de crítica literaria, *La salvación y la ira: Nueva poesía mexicana* (1986) y *Entre las musas y Apolo. Poesía mexicana: Presencia y realidad* (1991). Ha obtenido diversos galardones a lo largo de su carrera literaria, como el Premio Nacional de Poesía "Ramón López Velarde" de 1988 por su poemario *Enardecida luz* (1992) y el primer lugar en el Certamen Literario "Rosario Castellanos" por *La edad de las mariposas* (1990) en 1989. Actualmente reside en la ciudad de México, donde ofrece talleres de escritura.

De padre chino y madre chiapaneca, Wong tiene sus raíces bien arraigadas en las tradiciones de sus antepasados chinos y mayas. De su herencia china siempre ha hablado con orgullo:

> Shi significa "poesía." Mi nombre chino es HuangShiQuan, ShiQuan es "manantial de poesía." Hasta mi nombre me tiene determinado. Pero también aprendí que el chino sigue siendo chino por sus rasgos. A los que salen de su país para vivir en otro se les llama Hoaquiao, cuyo significado es "chino de ultramar" y a los que somos hijos de chinos se nos llama BaiQiao, que significa "chino de mezcla," mestizo, o sea, seguimos siendo chinos y mis hijos también son considerados chinos, aunque tengamos nacionalidad mexicana. En Relaciones Exteriores, para contraer matrimonio, prácticamente me obligaron a renunciar a la nacionalidad china, pero por supuesto que los paisanos me siguen considerando chino. (Salina 140)

A pesar de esta afirmación, a la hora de analizar la obra de Wong, quizás parezca problemática su poética desde el punto de vista étnico, ya que hace poca o ninguna referencia directa a su herencia china. La única mención que se hace evidente la encontramos en tres poemas dedicados a su padre, "Fiesta de la luna del medio otoño" (134), "Mariposa de alas ateridas" (135) y "El viejo Ho" (137), recopilados en *Fulgor de la desdicha.* No obstante, como indica el mismo Wong en una entrevista: "Muchos dicen que mi poesía no tiene elementos orientales. Se equivocan porque yo sí los visualizo" (Rosales, Web). Para el poeta, siendo la poesía "derivación de su ser, de su propia formación cultural" (*La salvación y la ira* 28), los ideogramas chinos, el Taoísmo y el *yin* y el *yang* son de suma importancia en su producción literaria (Rosales, Web).

Como resultado de esta mezcla cultural, "el té de jazmín y el café chiapaneco" (Rosales, Web), Wong se construye en su escritura un espacio dialógico e híbrido con la autoimagen de una identidad distinta que reclama ser reconocida, respetada y valorada. Preserva una parte de los componentes heredados de su identidad cultural china para insertarlos dentro de un espacio histórica y culturalmente arraigado en la sociedad mexicana. Su escritura opera según lo que Rama denomina como la "plasticidad cultural," que permite integrar los nuevos elementos de procedencia externa a partir de la rearticulación total de la estructura cultural propia. Dentro del ámbito literario, Rama asevera:

> [...] los artistas no se limitan a una composición sincrética por mera suma de aportes de una y otra cultura, sino que, al percibir que cada una es una estructura autónoma, entienden que la incorporación de elementos de procedencia externa debe llevar conjuntamente a una rearticulación global de la estructura cultural apelando a nuevas focalizaciones dentro de ella. (Rama, *Transculturación* 31)

Se trata de una escritura híbrida, resultado de uno o varios procesos de transculturación, los cuales a su vez se transculturizan articulando sus diferencias, erosionando e infringiendo las fronteras culturales de cada parte, permeándolas así a diferentes niveles.

Este capítulo se enfocará en tres poemarios de Óscar Wong, *Fulgor de la desdicha, Razones de la voz,* y *A pesar de los escombros*, y se orientará especialmente en la filosofía del Taoísmo, la noción del *yin* y el *yang.* Al explorar la idea fundamental de los contrarios y sus diversas ramificaciones, se ha puesto énfasis en estos tres poemarios, porque parece que es aquí donde la expresión y la presentación de esa idea aparecen en su forma más lograda y original. Las obras de Wong trasladan las fronteras de Oriente y Occidente y las unen en una sola voz. Una voz diferente pero simple, sublime, con naturalidad y delicadeza. Su poética no depende de las conversaciones extensas, ni de las enunciaciones prolongadas, ni de figuras literarias grandilocuentes, ni mucho menos de juegos pirotécnicos de la imaginación; al contrario, es una poesía capaz de transmitir ideas y sentimientos profundos con vibración extraordinaria por medio de imágenes y adjetivos simples y sencillos. Aprendemos a ver la vida rebasándonos de los preceptos limitantes de Occidente para abrazar las tradiciones, la cultura, la filosofía y la psicología china. Lo que Wong pretende hacer en su poesía es incorporar estos sistemas culturales y no dejarse reducir a otro como diferencia o exclusión ni a una diversificación sin identidad, sino a una negociación de la otredad que no constituye una contradicción dialéctica pero que se resiste a ser asimilada por estructuras superiores.

Antes de proceder al análisis de la poética de Wong, es importante conocer el Taoísmo y la filosofía del *yin* y el *yang* tomando en cuenta que estos pensamientos son la base del acercamiento. El Taoísmo se remonta al animismo y sus prácticas mágicas de hace unos tres mil años. *Tao* quiere decir camino, el Camino que se dirige hacia la iluminación, la Última Verdad (Schwartz 192). La filosofía del *yin* y el *yang* proviene de los textos canónicos chinos *I Ching* (*Libro de las mutaciones*) y *Tao Te Ching* (*Libro del Tao*), que forman la base del Taoísmo. Las obras reiteran que el ser humano forma parte del medio ambiente al igual que los otros seres. La inteligencia del ser humano no es un espíritu encarcelado desde lo alto, sino un componente más de un todo intrínsecamente equilibrado llegando a formar un organismo armonioso del mundo natural:

> In Taoism, man is held to occupy the central position since he is a mediator between Heaven and Earth [...]. If he swings between the two poles he finds himself removed from the Centre and, obviously, the further from the Centre the greater the imbalance. From imbalance comes failure and hence discontent. Nothing can endure for long when out of balance and harmony since it will break down first in friction and frustration and then in violence. Once duality loses its balance it falls

> into extremes and the opposites then become antagonistic and destructive instead of co-operative and creative. (Cooper 26)

Bajo el concepto de dualidad, el Taoísmo postula que el hombre, ubicado en el centro, entre el cielo y la tierra, es el que descubre las oposiciones y las utiliza para su conocimiento y para conseguir una unidad armoniosa. En este sentido, más que una religión, el Taoísmo es una cosmovisión que trata aspectos de la naturaleza del cosmos, del hombre, de los animales, y señala el camino hacia el equilibrio, la verdad y la armonía.

Dentro del *Tao*, el camino, surgen el *yin* y el *yang*:

> The peculiarity of *tao* as a vision of harmony appears to lie in its emphasis on opposites as complements. In the language of yin and yang, the *tao* points to a perspective for viewing contrasts and differences as eligible complements in a harmony whole, since a yin contains seeds for the generation of a yang, and conversely; yin and yang are by their nature different but not exclusive. (Cua 129)

La energía *yin* indica tranquilidad, oscuridad relacionándose con la luna, la noche, el agua, el color negro o azul, el sueño, la muerte, el lado femenino, otoño, la voz suave, etc., mientras que la energía *yang* denota actividad, movimiento, luz relacionándose con el sol, el día, el color rojo, la vigila, la vida, el lado masculino, verano, la voz fuerte, etc. Según el *yin* y el *yang*, no hay nada separado en el universo, desde una cosa a un organismo. Tanto la energía *yin* como la *yang* son necesarias y de ellas encontramos infinitos contrastes y niveles. Si todo fuera totalmente *yin* o *yang*, no existiría cambio sino ausencia de diferencias, y eso limitaría la creatividad del universo. Todo en el universo se compone de estas energías que interactúan constantemente entre ellas (Webster 2–3).

Dentro del pensamiento occidental que considera las oposiciones binarias conflictivas (Graham 331), en el pensamiento taoísta este dualismo representa energías complementarias que el saber del *yin* y el *yang* es el sinónimo de descubrir el equilibrio en los aspectos duales de nuestra existencia, como se puede ver en el siguiente fragmento de Lao-Tze:

> Cuando todos comprendemos que la belleza es bella,
> la fealdad existe entonces.
> Cuando todos comprendemos que la bondad es buena,

> entonces existe el mal.
> Así, la existencia sugiere la no-existencia;
> Lo fácil es ocasión de lo difícil;
> Lo corto deriva de lo largo por comparación.
> Lo bajo se distingue de lo alto por posición.
> Resonancia armoniza sonido.
> "Después" va en pos de "Antes."
> Por esto, el Sabio actúa sin acción y enseña sin palabras.
> (*Tao Te Ching* Capítulo 2)

Para el filósofo chino, las oposiciones no existen independientemente sino interdependientemente. La interdependencia mutua de oposiciones da lugar a la conformidad y la necesidad de los valores opuestos. Es decir, las contradicciones existen sólo en el ámbito práctico en servicio de la perfección y la armonía superior. Con respecto a este punto, William S. Haas comenta en su libro *The Destiny of the Mind, East and West*:

> In the East, then, nature is one whole, a single violent and irrepressible life-stream which is not entirely without an inherent regulative order. Never have the Chinese faltered in their conviction that such a natural order exists, simple and demonstrable. Whether this order be the balance and harmony of the polarities reigning above and below as in Yin-Yang philosophy, or their coincidence and identity as in Taoism, or the golden mean of Confucius, the basic concept of contrasting rather than contradictory poles is the same. (144)

El contraste, el reconocimiento de lo opuesto y su interdependencia constituyen el espíritu de la oposición taoísta: el equilibrio final sólo puede conseguirse a través de tales oposiciones binarias. Estas oposiciones que proceden de las experiencias personales son relativas y elásticas. Se equilibran la una y la otra hasta llegar a ser polaridades cuando el *Tao* las trasciende hacia la armonía. Esa oposición armoniosa es el *Tao*, que no tiene forma ni color ni olor ni sonido, pero omnipresente y todopoderoso (Je et al. 78).

Wong es plenamente consciente de que la cosmogonía china se basa en la oposición primordial *yin yang*, de donde se generan numerosas parejas de oposiciones existenciales, lo cual le ancla en una esfera más allá del mundo occidental. Justamente, desde la perspectiva de la cultura oriental, los contrarios se relacionan y, por lo tanto, se encuentran en armonía. Nada puede funcionar sin lo otro. Incorpora esta dualidad, lo opuesto de la imagen como unidad esencial de la poesía, encontrando en la cita de arriba de Lao-Tze un apoyo para sus propias afirmaciones sobre la naturaleza de lo poético: "El criterio a seguir para detectar toda relación verbal calificada como poesía, es la unidad de contrarios, justa e inseparable [...]" (Wong, *Entre las musas y Apolo* 33). El paralelismo y la simetría del Taoísmo sugieren lo proporcionado, equilibrado y armonioso. En lugar de un dicotomía exagerada, las oposiciones y el dualismo sugieren la esencia de todas las cosas, y por extensión, el *Tao*.

A pesar de la gran diversidad de temas que integran la obra de Óscar Wong, su preocupación principal, la intuición alrededor de la cual parecen girar sus demás motivos, la encontramos en la idea de la unidad de los contrarios. De ahí surgen sus demás indagaciones, haciendo de sus poemas una meditación sostenida sobre la relación de complementariedad e interdependencia que enlaza a los elementos que constituyen la realidad. Es importante aclarar que el esfuerzo que emprende la obra de Wong no consiste en tratar de realizar la fusión de los contrarios, pues esa unidad se percibe como ya existente, sino más bien en aprehenderla, desenterrarla y trazar sus fundamentos; se trata de denunciar la ruptura artificial y engañosa impuesta por la razón y el lenguaje a través de su poética. En ese sentido, la postura de Wong se aproxima a la del sabio meditador, a quien no le interesa operar un cambio sobre la realidad externa, sino llevar su conciencia a un plano más elevado, donde lo absoluto pueda percibirse como inherente en lo relativo, y lo temporal como una proyección directa de lo interno.

En "Inscripción," el primer poema que aparece en *Fulgor de la desdicha*, nos encontramos con una voz poética que tiene una relación inmediata y cercana con el mundo exterior y se halla en completa unión con la naturaleza:

> De la noche al alba
> brotaré raíces
> contra el muro.
> Luz.
> La fotosíntesis.
> Tal vez entonces
> descubriré su rostro,
> sol inmerso en el recuerdo

ahora.
Me transcribo.
(*Fulgor de la desdicha* 13)

Wong emplea el aspecto dualista de *yin* y *yang*, utilizando las palabras antípodas como "noche," "sol," "alba" y "luz," que a simple vista dan un aspecto de dualidad pero que son utilizadas para demostrar el equilibrio de su obra. La dualidad de la noche y el día ha sido redimida por la luz del sol para convertirlo en un equilibrio. Igualmente, utiliza estas palabras para decir que el dualismo no existe, sino que las dos energías *yin* y *yang* se unen para formar una armonía y por lo tanto, hay un equilibrio. Ese dualismo lleva a cabo como su meta final la solución sincera y positiva de los valores opuestos y extremados en vez del juego metafísico. Para obtener una solución feliz hay que comprender la esencia del problema. Es decir, la felicidad o la solución reside en la reconciliación y el equilibrio de los valores opuestos como indica el Taoísmo: "All happiness, all wisdom, depends on the balance and harmony of the opposites, first in their recognition and then in their reconciliation" (Cooper 26). En ese estado de reconciliación la voz narrativa se halla en la posición central, entre la tierra y el cielo, se "transcribe" encontrando la verdadera condición del hombre en su identidad original, despojada de toda ideología impuesta.

En el siguiente poema sin título, el yo poético vuelve a nombrar las palabras contrarias refiriéndose al *yin* y *yang*: el contraste entre lo sólido "volcán," "hierba," "escombros" y lo líquido "un lago," "gota," entre la forma "volcán," "lago" y la sin forma "aire," "polvo," "ceniza" para afirmar la abolición de los contrarios:

Soy un lago, un volcán,
gota desnuda que viaja
hoja al aire
    al suelo.
Copos de lava soy,
hierba que sepulta el polvo,
la ceniza.
Hablo de mí:
del hombre inmerso en los escombros.
(*A pesar de los escombros* 22)

Al suprimir las diferencias entre la naturaleza y lo humano ("Soy un lago, un volcán / [...] Copos de lava soy") anula la diferencia entre el objeto y el sujeto, y trasciende las barreras artificiales que separan al hombre de sí mismo y del mundo, trazando falsas fronteras entre aspectos complementarios de una misma realidad. Sugiere también la liberación de los límites físicos, transgresión de la enajenación, de la diferenciación entre arriba "el aire" y abajo "el suelo." Por medio de esta visión unitaria, el hombre, formando parte de su ambiente, regresa a su condición original, desmontando, de esta manera, la identidad cultural, sexual, étnica o racial para afirmar que no remite a rasgos esenciales del ser sino a confecciones sociales impuestas: "Hablo de mí: / del hombre inmerso en los escombros" (22).

En el poema "Brizna estremecida," Wong emplea la misma idea de la unidad de los contrarios para aludir a uno de esos momentos excepcionales en que el mundo se abre, revelando, por medio del paisaje natural, la permanencia de lo divino en la naturaleza:

> Como la miel, ebria de aguijones,
> como espuma temblando en el regazo de la roca,
> como paloma virgen que zurea
> dulcemente
> en los oídos del día.
> O como una mariposa azul que sobrevuela
> los largos latidos del océano
> emerges —iris de topacio—
> entre las ramas del sauce.
> (Se escucha el susurro del musgo,
> pétalos simulan la mejilla de Dios.)
> La castidad invicta asoma,
> la lluvia tararea en los tejados,
> amapola líquida que brota
> con un rumor de brizna estremecida.
>
> (*Razónes de la voz* 30)

En el momento que describe la voz poética, especie de epifanía de lo inmediato, se borra la división entre lo material y lo espiritual, entre lo divino y lo natural. La presencia de lo trascendente se intuye en lo común "Se escucha el susurro del musgo, / pétalos simulan la mejilla de Dios" (30). Esa presencia que percibe la voz poética es indiferente a las barreras artificiales que trazan los hombres entre lo sagrado y lo común. Es el *Tao*, o el camino del desarrollo de comprensión que aprehende y se interrelaciona con el equilibrio del *yin* y el *yang*. Los espacios de la diferenciación se funden "dulcemente / en los oídos del día" (30) en los elementos más cotidianos y palpables, "Como la miel, ebria de aguijones, / como espuma temblando en el regazo de la roca, / como paloma virgen que zurea / [...] O como una mariposa azul" (30). Vemos entonces una voz poética que "escucha" y que se encuentra en un punto medio, en la unión de dos fuerzas *yin* y *yang*, "espuma," "roca," "el día," "azul," "el océano," "sauce," "susurro," para hablar de la conciencia superficial, sostenida por la razón y la lógica que proclama la vigencia de las diferenciaciones, y la separación perenne entre el esto y el aquello.

Esa idea de una dimensión donde es posible percibir la unidad de los contrarios, donde la presencia de lo "divino" se percibe en lo común, presencia invisible pero activa, les imparte una fuerte unidad a los poemas de Wong, como podemos también ver en el siguiente poema:

> Ay del sol que nace
> con una guitarra entre las manos
> mientras el siglo rasguea obscenidades.
> Ay de la garganta en llamas.
> Cuando asoma la punta de la ira
> nadie esquiva el rostro de la muerte.
> Ante la Luz me abro,
> clavel silvestre que aspira a la ternura.
>
> (*A pesar* 34)

Esa misteriosa presencia, "Ante la Luz me abro," que se revela en los instantes de privilegiada comunión con el mundo, y que nos habla de una dimensión que trasciende las distinciones entre "adentro" y "afuera," revela la otra cara del ser, su esencial heterogeneidad. Lo otro es algo ajeno a nosotros y que nos repele pero que nos invita a dar un paso hacia adelante y confundirnos con su ser.

Para el poeta chiapaneco, lo divino o lo otro no es una presencia que se manifiesta tan sólo durante el proceso poético, sino que más bien se concibe como ese elemento presente que penetra en todas las dimensiones de la vida por medio de sus múltiples manifestaciones, y que al revelarse como algo que trasciende los límites de la razón y el lenguaje, cuestiona radicalmente nuestra visión limitada del mundo. En los poemas que aparecen en *Fulgor de la desdicha*, como "Metamorfosis de silencio" (30), "Así tranquilamente" (31–33), "Desaliño oscuro" (40), "Consumida llama" (42), "Campana en el vacío" (43), y "Enardecida luz" (49), así como los de *Razones de la voz*, como "Resaca devorando el arrecife" (27), "Visión del océano" (28), y "Espina de avellano" (43), Wong nos presenta un mundo donde las flores, los animales, los pájaros, el viento, la luz, el sol y la noche, invitan a la voz poética y, por extensión, a los lectores, a escuchar la voz de la otredad y a conocerla en lo cotidiano, como podemos presenciar en "Espina de avellano":

> Danza el alba entre los pinos,
> un sauce gruñe somnoliento
> mientras los sicomoros se transforman:
> sus hojas simulan ser de maple.
>
> Oscura duna la serranía acecha,
> rosa de luz
> el canto emerge del desierto.
>
> La claridad, sonrisa núbil,
> copos de albor el horizonte,
> montañas de musgo el lomerío.
>
> Espina de avellano
> el sol crascita en el iris,
> rumia el laurel y se estremece.
>
> (*Razones* 43)

La descripción de este paisaje revela la verdadera cara del ser, despojado de las confecciones impuestas por la sociedad, "mientras los sicomoros se transforman: / sus hojas simulan ser de maple," el mundo como una red vibrante de relaciones, en constante estado de ser, cada cosa desembocando en otra, todo lo existente implicado en una relación de estrecha interdependencia. Además, "alba," "luz," "claridad," "albor" y "el sol" sugieren la realidad cambiante de las cosas. Detrás del juego de la luz, nos encontramos con una imagen de reconciliación de los opuestos, "oscura duna la serranía acecha / el canto emerge del desierto." De esta manera, las imágenes del poema se asocian indirectamente con la filosofía taoísta que cuestiona el carácter externo de los objetos, desvanece la distancia entre sujeto y objeto, así como del carácter ficticio de toda diferenciación. El mundo de las diferenciaciones y de las divisiones pierde, por lo tanto, su vigencia.

En "Desaliño oscuro," a primera vista, el poema parece un sencillo recuento de sensaciones y emociones; no obstante, el misterio de estos versos yace en el empleo de imágenes antípodas. La percepción poética surge del choque de una red de relaciones interdependientes entre movimiento: "discurren," "golpeo"; y fijeza, "la figura que dormita," lo vivo "voces," "me descubro" y lo inerte "me empecino," el pasado "el sueño adolescente" y el presente "me descubro." Esta tensión implica importantes consideraciones sobre la verdadera naturaleza del yo individual. La idea del yo como una sustancia o entidad estática, separada del contexto que lo rodea, es puesta en tela de juicio:

> Me descubro insospechado, terco
> de escanciar las copas,
> el desaliño oscuro,
> la garganta.
> ¿Podría acaso respirar
> lo que devora mi nombre
> en las esquinas?
> Si pudieran las voces que discurren
> ronroneando
> en el traspatio
> trasegar la ira, el sueño adolescente
> circundado de espanto.
> A veces me empecino, golpeo a la figura que dormita
> lejos del viento que resuena
> como dragón en la ventana.
>
> (*Fulgor* 40)

Lo otro ("las voces que discurren / ronroneando / en el traspatio") posee mayor autonomía, es menos subjetiva. Está dentro del poeta, es indiscutible, pero también parece hablar desde afuera. La idea de un yo independiente del mundo exterior ("¿Podría acaso respirar / lo que devora mi nombre / en las esquinas?") aparece como un engaño peligroso, y la sujeción a ese engaño reside el origen del sufrimiento. El yo como identidad fija y permanente está vacío y carece de la realidad. Las voces que implican diferenciación e identidad están igualmente vacíos y también carecen de sustantividad. Todo esto encaja perfectamente con la concepción del yo y del mundo fenomenal que nos plantea la filosofía taoísta: es el yo el que descubre las oposiciones y se vale de ellas para su conocimiento tanto físico como metafísico; asimismo, la noción de un mundo compuesto de objetos concretos, separados de un yo que los observa y actúa sobre ellos, se revela como ficticia.

Es necesario apuntar que en varios poemas recopilados en *Fulgor*, como se advierte en el poema anterior, el viento, relacionado con la figura del dragón ("lejos del viento que resuena / como dragón en la ventana"), juega un papel importante frecuentemente asociado con la presencia de lo otro, o como en la siguiente estrofa del poema "Razones de la voz," el viento alude a una realidad en perpetua actividad que nunca permanece igual:

> De la espuma a ceniza me convierto
> y en rosa de cristal, no frágil roca.
> Soy terco viento terso, abrupta boca
> y forjo una cascada en el desierto.
>
> (*Razones* 36)

El viento y el dragón, fruto del encuentro entre el poeta y ese mundo animado que revolotea a su alrededor, sólo se dará cuando deje de ser una conciencia erguida y se someta al influjo de la otredad. El viento es un elemento importante para el poeta porque:

> El dragón, ese animal mítico para mis ancestros chinos, originalmente fue un tótem para los pescadores, el conde del viento o FeiLian; para mí es un elemento substancial no sólo en mi poesía sino en la vida cotidiana. El viento me remite al hálito cósmico, al espíritu celestial, a los ocho trigramas que aparecen combinados en el I Ching de mis ancestros. Es esa dimensión donde se esparce la voz poética, donde surge la Luz. (Wong, "Talleres de Wongnasterio," Web)

Esto apunta una vez más a la influencia de la raíz china del poeta en sus poemas. Se trata de una transculturación filosófica en la que transfiere concepciones y pensamientos a partir de su propia matriz cultural.

## La vacuidad

Cabe destacar también que la filosofía del *yin* y el *yang* le ha permitido a Wong explorar sus diversas extensiones para expresarlas en una forma más abarcadora, pero evidenciando siempre el sello personal del poeta. Dentro de este marco surge una relación de interdependencia entre la nada / el vacío (o el no ser) y el ser. En el Taoísmo, el vacío es considerado como perteneciente al ser, o en su extensión, la plenitud del ser, como se puede ver en el *Tao Te*

*Ching*, donde se afirma que "la existencia siguiere la no-existencia." Esa presencia de lo vacuo o no ser es un elemento significativo ya que "en su profundidad parece ser el origen de todas las cosas. / En su hondura semeja permanecer siempre" (Capítulo 4). Así, la vacuidad representa la base ontológica del Taoísmo. Negación y afirmación, falta y plenitud, coexisten en nosotros. El ser implica el no ser, y viceversa.

El vacío en Wong no es una carencia, sino una presencia que se afirma a sí misma, como fuente de significación, como una presencia que emite un mensaje. El vacío transmite algo aunque ese algo no posee un referente conceptual:

> Cómo entregarte amor
> si he buceado en mis arterias
> y me he encontrado seco, lejos, vacío.
>
> Me he llorado sereno,
> rencorosamente tierno.
>
> Pero la vida late en mí.
>
> (*A pesar* 35)

Vemos la negación del yo "seco," "vacío," y una postulación alternativa de una red de relaciones que incluye lo que designamos como el sujeto. Las palabras "rencorosamente tierno," "seco, lejos, vacío" y "vida" simbolizan lo anodino y lo creativo, la nada y la presencia que al fin y al cabo conducen a la reconciliación de los contrarios. Lo vacío no es una falta de la vida; sino todo al contrario, lo complementa. Un individuo jamás encontrará su *Tao* si no se identifica con su conexión con el vacío originario. A partir de esa conexión se desarrolla la organización del ser completo. Vivir es marchar hacia adelante, progresar hacia lo insólito y este adelantar es ir al encuentro de nosotros mismos. Dentro de la nada reside la posibilidad de verdadera autonomía para el hombre, puesto que el ser es esencialmente vacío, me he buscado "y me he encontrado seco, lejos, vacío." No es una sustancia sólida, estática, definida, sino que constituye más bien una posibilidad, un proyecto en perpetuo estado de redefinición.

En consecuencia con el análisis sobre el aspecto positivo de lo vacuo, una palabra que Wong utiliza con frecuencia es "silencio." Para el poeta, el silencio es un elemento importante en el proceso de la escritura, es un territorio informe pero fértil. El silencio también es lenguaje para nosotros, ya que incita el despojarse de la mente para que pueda surgir la palabra. Es ante todo un estado del ánimo que se puede alcanzar a través de la subyugación del pensamiento discursivo:

> Otra vez
> bajo la Luna
> aguardas.
> Miras transcurrir tus pensamientos
> en la hoguera.
> Mas la Palabra es inaudita:
> ni está perdida ni agotada.
> Cristalina te reencuentras.
> Prodigio develado:
> El Silencio es la puerta.
>
> (*Razones* 17)

Wong visualiza el comienzo de ese proceso como un detenimiento de pensamientos que transcurren sin cesar por la mente. Por medio de este proceso, al vaciarse de los pensamientos, el poeta establece las bases para el encuentro con las palabras esperadas, "Cristalina te reencuentras." Dentro de ese estado de silencio,"El Silencio es la puerta," nace la palabra que "ni está perdida ni agotada" sino esperando el momento de brotar a la superficie. Ya no es una carencia de signos, sino una presencia que se afirma misma, como fuente de significación, como voz que transmite un mensaje tan lleno que difícilmente puede ser expresado y escuchado.

Como se puede ver, el silencio se considera la esencia que penetra y rodea todo lo que existe, energía primordial que en su juego creador encarna permanentemente en los elementos que constituyen la realidad del mundo:

> Como cristal de ronco azogue
> mil paredes se abren a lo oscuro.
> El pedernal es un reptil opaco,
> el mediodía ahora retrocede
> y la penumbra escala paredes fatigadas.
>
> [..............................................]
> Las sombras diluyen mi estatura,
> el silencio es de barro, cóncava luminosidad extinta.
> Y el agua, indecisa piel, trasmina resplandores ciegos.

Pesada aspiración de la negrura,
traspiración de polvo,
la bruma transformándose en porosa garra.
(*Razones* 62)

La voz poética emplea palabras como "cristal," "opaco," "penumbra," "sombras," "silencio," "luminosidad," "resplandores," "ciegos," "negrura," "polvo," "retrocede," "diluyen" y "extinta" para sugerir un cierto estado de ánimo, pero también para construir una constelación de relaciones evocando una atmósfora que sugiere la anulación total de la conciencia a fin de obtener una comprensión directa de las cosas. El "silencio es de barro, cóncava luminosidad extinta" no se presenta en el espacio como si fuera parte de una colección de objetos incrustrados en una superficie pasiva, sino que interactúa con él, se pone a dialogar, multiplicando así las posibilidades de significado. La experiencia que encarna simultáneamente lo creativo y lo destructivo, lo bello y lo opaco, nos desgarra y nos disuelve en "polvo"; esta función doble de creador y destructor expresa su carácter total, y va más allá de cualquier distinción humana. De esta manera, la verdadera intención de la poesía de Wong llega a alcanzar su plena realización; es decir, exalta la vacuidad para que la palabra regrese a su condición de plenitud original y devolverle su riqueza expresiva. Todo esto se refiere a la idea antes mencionada, un sujeto hecho de particularidades que se oponen y combina. Es un estado paradójico del ser; eso es, un no ser en el que, de alguna forma, se da el pleno ser.

## El dinamismo

Mientras que en Occidente el pensamiento tradicional pone énfasis en la unidad y en la sustancia estática, el pensamiento taoísta sustituye la noción del yo como sustancia con la idea del ser como una red de relaciones, como algo cambiante, en perpetuo estado de fluctuación. Esa postura fundamental del pensamiento oriental ha penetrado profundamente en la sensibilidad de Wong, haciendo de su poética una verdadera red de relaciones, concepción pulsante en que el poeta viene a ser tan sólo uno de muchos elementos, que entran en la confección del poema "Dimensión de la ceniza":

En la cresta del mundo
rasgo la luz,

incendio el Universo.
Soy
la exacta dimensión de la ceniza.

(*Fulgor* 73)

Dentro de esta premisa el acto creativo es, ante todo, un encuentro, una convergencia en el poema de las realidades más diversas y el punto de contacto entre el poeta y la otredad: "Hablar de poesía es hablar de estados fenoménicos, de captación de la realidad, de la esidad (el trasfondo de la realidad) de las cosas. He aquí la poesía: romper las cadenas que nos atan al mundo de las apariencias y sumergirnos en esencias" (Wong, *La salvación y la ira* 23).

El poeta consigna sus impresiones al papel afirmando los poderes de la palabra para trascender la enajenación del hombre por medio del lenguaje poético. En "Pellicereana," a pesar de las limitaciones que poseen estos signos, representan un puente entre lo relativo y lo que el poeta denomina "la esidad de las cosas":

Esta mañana
que ya se inflama
en un poema
que el río lleva
flota en el agua
—nunca escogida—
como los sueños
que a veces digo
pese al quebranto
inconcebible
este lenguaje
en un poema
esta mañana
flota en el agua.

(*Fulgor* 37)

El "río" y el "agua" en este poema sugieren fluidez y libertad de movimiento, escape de las limitaciones de la cotidianidad. Dentro de la superficie compacta que se encuentra el poema, "flota en el agua," están sumergidas las palabras y hay que ir al fondo y esperar "este lenguaje." Presenciamos el instante del encuentro entre la forma y la nada, y de allí reside la verdadera dimensión del ser.

Otro aspecto clave, directamente relacionado a la visión de una realidad dinámica, es la realidad como algo inherentemente inestable, cambiante. Esta percepción la encontramos en la abundancia de palabras e imágenes que exaltan diferentes aspectos de esa concepción, símbolos que aluden a la movilidad y la interdependencia. Esas palabras se constituyen frecuentemente en constelaciones relativas, complejos que en su conjunto reflejan un cierto aspecto del movimiento y dinamismo del mundo. Más allá de la estructura interna o de los rasgos deliberadamente escogidos del estilo y la apariencia física del poema, esas imágenes de pluralidad y movimiento parecen surgir más del estado de ánimo del poeta, de su postura implícita hacia el mundo, que de una poética consciente, deliberadamente desarrollada. En el siguiente poema, "Visión del océano," por ejemplo, encontramos varias palabras que recogen formas del movimiento, y que en su conjunto expresan esa tendencia de la visión del poeta a extraer de los diversos aspectos de la realidad su dimensión móvil:

> El mar es uno y distinto.
> He visto cómo va cambiando ante el empuje
> —lento— de la luz.
> Como anémona bosteza, abre su bocaza.
> Con violencia simulada gruñe.
> Anoche, tan sólo anoche,
> como un dragón golpeaba con frenesí los farallones,
> erizaba su cola de espuma, mostraba sus colmillos.
> Pesadilla horrenda era, oscuro fuego su pelambre.
> Pero ahora susurra
> retoza como un delfín.
> Cardumen de alegría es el oleaje.
>
> (*Fulgor* 28)

En este poema, la luz se convierte en un elemento importante que recoge el carácter instantáneo y fluido de la realidad. Wong emplea un sistema de palabras para presentar variantes de un mismo fenómeno: "El mar es uno y distinto" que cambia "Como anémona bosteza, abre su bocaza / […] / como un dragón golpeaba con frenesí los farallones, / […] / Pero ahora […] / como un delfín […]." Se trata de alusiones diversas a una realidad en perpetua actividad, que nunca permanece igual, siempre está alterando su apariencia. La forma en que las cosas cambian su apariencia instantáneamente bajo el impacto de la luz le sugiere el carácter efímero y esencialmente ficticio de toda identidad. Detrás de toda permanencia se esconde el proceso, el perpetuo devenir de todo lo existente.

También se puede ver el diálogo entre la movilidad y la quietud que se expresa poéticamente por medio del juego entre los objetos y la luz. En "Resaca devorando el arrecife," por ejemplo, se nota el funcionamiento complementario de estos diversos pares de opuestos en un solo poema:

> Bajo el sol
> millares de ojos parpadeando: superficie del océano.
> Diríanse peces luminosos que remontan trans parencias.
> Ola de luz el día.
>
> Arriba pastan las nubes,
> simulan alas de gaviotas.
> Enorme escarabajo que se estira
> el claroscuro de los farallones emerge súbitamente.
> Porción de albor sobre la arena
> el sepia de la playa languidece: bostezos blancos.
>
> Como una ola me yergo, estallo en lenta espuma.
> Ahora soy el musgo aferrado al vientre de la roca,
> nube que asoma en la escollera,
> resaca devorando el arrecife.
>
> (*Razones* 27)

La cualidad dinámica del mundo ("peces luminosos que remontan transparencias / Ola de luz el día / […] / Enorme escarabajo que se estira / el claroscuro de los farallones emerge súbitamente") está a contrapeso por la quietud que encarna "el musgo aferrado al vientre de la roca," la cual simboliza la fijeza. El poema sugiere una actitud de receptividad total hacia el mundo. Asimismo, indica la unidad subyacente del mundo, la homogeneidad que se esconde debajo de la aparente heterogeneidad de lo existente. La comunión con el mundo se da en el poema como resultado de ese diálogo entre movimiento y fijeza que, al final, se resuelve en una armonía más allá de toda dualidad.

Vale la pena mencionar que la presencia de la mujer es una de las constantes en la poesía de Wong. La figura femenina, además de asociarse con el tema del amor, también se presenta como símbolo de quietud y permanencia, de plenitud y liberación. Por ejemplo, en el poema "Espuma melancólica," detrás de su engañosa sencillez, se esconden múltiples zonas de interpretación:

La mujer que espera bajo la lluvia,
la que siembra
pensamientos en la hoguera,
gime, se estremece.
Sus pechos, violentas rosas, braman.
Sus muslos se abren
con denso escalofrío.
Su voz, espuma melancólica,
entrega vaticinios
como una Luna Nueva que galopa.
La noche, complacida,
la corteja.
En la fronda los pájaros maduran.

(*Razones* 15)

Las primeras líneas del poema apuntan a ese estado de fijeza "espera" que le permite a la mujer, sumida en su noche silenciosa, en quietud, aislada en sí misma, acceso a una dimensión más profunda del mundo. En las siguientes líneas la figura de la mujer, desprovista de todo adorno externo, "Sus pechos, violentas rosas, braman. / Sus muslos se abren / con denso escalofrío," viene a sugerir una actitud que va más allá de todo juicio utilitario o estético de la realidad y reside, más que nada, en aceptar y registrar directa y espontáneamente todo encuentro con el mundo. Más adelante, a través de "su voz, espuma melancólica, / entrega vaticinios" sugiere una imagen de la mujer internamente activa a pesar de su condición de pasividad superficial. En ese estado de aparente pasividad, la mujer se ofrece en la plenitud de su autosuficiencia "como una Luna Nueva que galopa." Esa pasividad del cuerpo, su desnudez, constituyen una negación implícita del elemento irreal en el mundo. Se ven entonces, en este poema, imágenes contrastantes entre silencio y lenguaje, pasividad y actividad, quietud y movimiento.

## La historia

Wong concibe los acontecimientos de la historia como algo perjudicador a la existencia humana. La admisión del hombre en la historia indica el ingreso en el mundo de los falsos opuestos, de la separación entre el hombre y su prójimo, entre el hombre y la naturaleza: "No veo que el proceso histórico se transforme en tierra, /

en agua, en bosques [...]" (*A pesar* 32). Asimismo, la relación entre el hombre y la historia se concibe esencialmente en términos de poder, análoga a la relación que se da entre el oprimido y su opresor, como podemos ver en "He aquí la calle":

> He aquí la calle, el tranvía
> actuante espejo que descubre
> el dolor y las heridas. El café,
> el hambre de aferrarse a lo que olvido,
> a lo que vemos con los ojos miopes.
> Más allá de la historia
> sucumbe el miedo afán de perpetuarse,
> conducta absurda que corrompe.
>
> (*Fulgor* 39)

Para el poeta, la historia es una pesadilla con "dolor" y "heridas," es sinónimo de la separación entre el hombre y el mundo "olvido," "los ojos miopes," y al integrarse en ella, el hombre entra simultáneamente en el ámbito de la enajenación y el ser corrompido, "conducta absurda que corrompe."

El concepto que tiene Wong de la historia incluye también la visión de los acontecimientos de la historia como un proceso de constante traducción y reelaboración. De esta manera, el acontecer histórico no representa una vivencia absoluta, sin referencias externas, sino que constituye más bien interpretaciones y reelaboraciones relativas de un texto original, entonces cada versión es provisional:

> La historia es una, repetida:
> los autos, las mañanas,
> pétalos cayendo en el vacío.
>
> (*A pesar* 19)

La historia se concibe como una repetición o una re-construcción del pasado que se convierte, según el poeta, en una entidad vacía. Conciencia, tiempo y espacio son solamente ilusiones que pierden importancia, significado y vigencia frente a esa otra dimensión que nos indica la poesía, "pétalos cayendo en el vacío." El interés del yo poético no reside, entonces, en explicar los elementos que componen la historia sino en reducir la pluralidad aparente de ésta a una estructura que muestra su subordinación a una realidad más profunda que la incluye y rebasa: "[...] Arroja tu violencia sobre mi hambre. / Que la muerte se instale en ese movimiento / borrado por la Historia. / Que la muerte repita sus pisadas. / [...]" (*A pesar* 59).

Ampliando esta idea, para reducir la realidad histórica a otra realidad más trascendental, se advierte un eco del pensamiento *yin* y *yang* en torno a los conceptos de movimiento y fijeza. Si consideramos la pluralidad de la historia en términos de la variedad de eventos que la componen—"Dicen que la historia es una golondrina / surcando las esferas de los años. / Y no descansa" (*A pesar* 36)—es a su vez fija e inalterable si pensamos que dentro de ese supuesto heterogeneidad no es sino un sistema de combinaciones y modificaciones de un número limitado de los aconteceres históricos. Esta concepción de historia nos remite, indirectamente, a la idea de la realidad como una red de relaciones en la cual cada cosa nos lleva incesantemente a otra. Esos elementos que componen la historia no poseen realidad propia, sino que siempre están relacionadas a las otras partes constituyentes:

> El siglo se abalanza en busca de la historia.
> Los veranos transpiran soledad,
> dolor a ratos.
> Se dicen tantas cosas en nombre de la suerte,
> pero vuelvo a encontrar el aire,
> la canción.
> Imagino a la gente corriente hacia el desecho.
> Llanto.
> Llanto.
>
> (*A pesar* 33)

Todo esto, como se ve, guarda una profunda afinidad con la concepción taoísta de la realidad. Los accidentes del acontecer humano son el producto efímero de esa red pulsante de relaciones que constituye la verdadera realidad. El interés primordial del poeta parece residir sobre todo en descifrar la escritura subyacente de la historia y determinar el patrón inmutable que gobierna sus variantes.

A pesar del tono personal que estos conceptos asumen al integrarse a la visión individual de Wong, su significado esencial sigue siendo el mismo: más allá de la realidad aparente existe otra realidad. El propósito principal de las incursiones históricas que hace Wong a través de su obra no es desmontar el aparato del acontecer histórico y analizar sus partes constituyentes, tanto como abstraer de la caótica diversidad de elementos que forman la historia su mensaje central, su configuración última. Para el poeta, esa concepción de la historia es un reflejo de la relativización de la historia frente a la otra realidad. Nosotros vivimos en ella o, alternativamente, ella se vive a través de nosotros. En última instancia, esa realidad absoluta es como el *Tao*, es indescifrable, no tiene nombre y, a fin de cuentas, es inseparable de la realidad relativa: "El Tao que puede ser expresado no es el Tao eterno. / El nombre que puede ser definido no es el nombre inmutable" (*Tao Te Ching* Capítulo 1).

La obra de Wong merece un análisis cuidadoso no sólo por su mérito artístico, sino también porque en ella podemos ver la incorporación de elementos culturales orientales, la heterogeneidad, la universalidad de sus preocupaciones y la experiencia que han sido integrados a su obra. Como indicamos anteriormente, la producción literaria de Wong opera dentro de la llamada "plasticidad cultural" de Rama, que apela a nuevas "focalizaciones" dentro de su herencia cultural mediante la incorporación de nuevos componentes culturales de origen chino para poder alcanzar una la rearticulación de su propia estructura cultural.

Debe aclararse que la exploración incansable de Wong no refleja un mero deseo de erudición, sino una conciencia profunda de que la realidad íntima de las cosas, su otredad, siempre saldrá a la superficie bajo una variedad de disfraces, cada uno revelando un aspecto esencial de esa realidad, aunque transformándola a la misma vez. Al proyectar tan sólo un aspecto de esa otredad elusiva, cada manifestación parcial representa un empobrecimiento de la totalidad, pues su verdadera esencia, su naturaleza profunda yace, precisamente, en su infinita fluidez y complejidad. La perspectiva que reflejan estos poemas desde la cual pierden vigencia las diferenciaciones entre aparentes contrarios se perciben como falsas. Además, dicha perspectiva ha desempeñado un papel importante en la concepción de la filosofía taoísta y sus consecuencias que, como hemos visto, se ponen de manifiesto en la poesía de Óscar Wong.

**Capítulo cinco**

# Carlos Francisco Changmarín

## Perspectiva subalterna y conflicto social

Carlos Francisco Changmarín, de ascendencia china, nació el 26 de febrero de 1922 en la provincia de Veraguas ubicada en la parte central de Panamá, y falleció en 2012 en la ciudad de Panamá. Sus apellidos Chang y Marín le permite al autor proyectarse en el mundo de la escritura con la identidad que desea enfatizar, eso es, la fusión de dos culturas, la china y la panameña. En su juventud, trabajó en el Canal de Panamá donde fue testigo de los maltratos y abusos de los administradores estadounidenses hacia los trabajadores del Canal. Más adelante, en los años 40, después de obtener el título de maestro, trabajó como profesor en diversas provincias, donde organizó varias huelgas estudiantiles para denunciar los problemas sociales que aquejaban al país. Durante esta época, fue encarcelado varias veces bajo cargos políticos. Posteriormente, en 1968, fue desterrado a Chile. Mientras que vivía allí, hizo un año de estudios de pintura en la Universidad de Chile y llegó a ser un participante activo en la campaña electoral de Salvador Allende. Una vez que se le permitió regresar a su país natal, desempeñó varios cargos en organizaciones políticas comunistas. Estas experiencias le sirvieron como inspiración para trabajar arduamente toda su vida con la intención de transmitir mensajes sociales y culturales a través de sus obras literarias. Aparte de eso, también participó enérgicamente en la lucha del control operativo del Canal de Panamá contra los Estados Unidos.

Además de su activismo político, Changmarín ha sido un prolífico escritor, con numerosos libros publicados en diferentes géneros: de sus poemarios destacan *Punto e llanto* (1948) y *Poemas corporales* (1956); de sus colecciones de cuentos se encuentran *Faragual: 13 cuentos panameños* (1960); *Nochebuena mala. Invasión yanqui a Panamá en 1989* (1995); *Las mentiras encantadas* (1997) y *Cuentos para matar el estrés* (2002); de sus novelas están

*El guerrillero transparente* (1982) y *En ese pueblo no mataban a nadie* (1992). Además, ha publicado varias obras literarias para niños, entre ellas destaca una obra de índole autobiográfico, *Las gracias y las desgracias de Chico Perico* (2005). Ha obtenido numerosos galardones a lo largo de su carrera literaria. En 1956, obtiene el segundo lugar del Ricardo Miró, sección poesía, con *Poemas corporales*. En 1959, otro segundo lugar con el cuento "Faragual." En 1981, alcanza el primer lugar en novela con *El guerrillero transparente*. En 1991, obtiene el premio anual de la revista mexicana *Plural* con el cuento "Gallofuego." Sus obras han sido traducidas a distintos idiomas: chino, ruso, búlgaro y francés. Como reconocimiento a una vida y una obra producto de la lucha por un sistema socialista, la Central de Trabajadores de Cuba le atribuyó la medalla Víctor Jara, y obtuvo el premio especial en poesía en el Premio Rubén Martínez Villena, también de Cuba. En 2006, fue merecedor de la Condecoración Rogelio Sinán, concedida por el mérito de la obra literaria de toda una vida ("Carlos Francisco Changmarín," *Directorio de escritores vivos de Panamá*).

Es importante subrayar que Changmarín, en comparación con Regino Pedroso, Siu Kam Wen y Óscar Wong, no hace ninguna referencia a su etnicidad china en sus obras. Si existe referencia, es mencionada de forma exigua, como se ve en su libro autobiográfico *Las gracias y las desgracias de Chico Perico*. La única alusión que hace en el cuento es que el padre del protagonista Perico es chino. Aunque notamos la ausencia de una temática o representación china abierta, se integra de cierto modo con otra vertiente que conforma el proceso de transculturación. Encontramos en sus obras el proceso de transculturación con diversos elementos constitutivos que no pertenecen a los mismos universos culturales. Como indica Mary Louise Pratt, en un mundo donde coexisten distintos sistemas culturales, la transculturación permite dar visibilidad a las maneras en que "los grupos subordinados o marginales seleccionan e inventan a partir de los materiales que les son transmitidos por una cultura dominante," de manera que, "aunque estos grupos no pueden controlar lo que emana de la cultura dominante" pueden determinar, en niveles diferentes, lo que absorben para sí mismos (*Ojos imperiales* 32). Incorporando esta idea dentro del ámbito literario, si consideramos la cultura una invención "secular y multitudinaria," el escritor es, entonces, un productor activo que "trabaja con las obras de innumerables hombres" (Rama, *Transculturación* 19). Por consiguiente, si pensamos en la totalidad de la concepción de la transculturación como contactos entre las culturas africanas, nativas americanas y europeas en América que subraya la originalidad y la creatividad de las culturas populares insistiendo en su papel activo ante los intercambios con la cultura del colonizador, las obras de Changmarín, aunque no específicamente refiriéndose a chinos, representan este tipo de transculturación.

Además, dentro del pensamiento orientalista y su imposición en Latinoamérica, "the different out-groups of the West were bundled together as one, indiscriminately orientalized. […] the West's 'primitive others' were also orientalized" (Camayd-Freixas 2–3). Es interesante notar que de acuerdo a la vigésima tercera edición del diccionario de la Real Academia Española de 2014, la palabra *chino* significa no sólo "natural de china," sino también "una persona, criado o sirviente de rasgos aindiados," "descendiente de indio y negro," "de un indio no civilizado." Aunando a lo anterior, Brett Levinson arguye que el discurso orientalista "deals with the way a particular First World, Western subject, […] establishes itself as the universal subject" (20), y el des-orientalismo perpetua la maquinaria repercutiendo en las relaciones de dominación entre una cultura y otra (32). Empero, a nuestro parecer, el des-orientalismo en su intento de "dismantle this Orientalist discourse […]. to restore the wronged or violated discourses. […] to recover that excluded domain, to recuperate a subjectivity of difference" (Levinson 20), desestabiliza la idea de la "fijeza" en la construcción ideológica de la otredad. Entonces, Changmarín des-orientaliza a los indígenas y los africanos para recuperar la autonomía de su identidad cultural y demostrar que las relaciones interculturales en el contexto de la modernidad neocolonial, específicamente en lo que se refiere a las transformaciones, conllevan resistencias, discontinuidades y negociaciones de las culturas locales.

Un análisis de algunos de sus cuentos y su novela *El guerrillero transparente*, que representan un gran salto, revela que estas obras rebasan la unidad representativa de lo nacional desde una perspectiva híbrida de los distintos grupos sociales que constituyen la entidad nacional panameña. Desde una óptica transcultural, la novela propone la pluralidad cultural, asumiendo que el contacto de diferentes culturas produce una relación dinámica de mezcla y contradicción. Puede ir acompañado de diferentes grados de destrucción, subordinación, transformación, supervivencia y resistencia de las culturas nativas. Changmarín recupera lo indígena y lo campesino no sólo como tema, sino que también nos muestra que en la coexistencia de dos sistemas culturales subyace la imposición de un mundo sobre otro, y la colonización de una cultura sobre otra produce una oposición irremediable. Reconstruye y recupera en sus obras la historia colectiva y la vincula a la vida cotidiana de unos personajes silenciados por la sociedad. Nos encontramos en sus textos diferentes sujetos culturales que conviven en un mismo espacio geográfico e histórico, que compiten por apropiarse el espacio de la nación para reformular y renegociar sus propias identidades. Sus obras pretenden alterar el perspectivismo eurocéntrico y reexaminar la colonización, la descolonización, la neocolonización en un esfuerzo por demostrar que en zonas "aparentemente sumergidas, destinadas a ser arrasadas por la aculturación" (*Transculturación* 68), como indica Rama, existen voces imposibles de ignorar, tradiciones que se resisten a caer en el olvido y que luchan por su supervivencia.

Debido a su especial posición geográfica como país de tránsito, Panamá ha sido considerado un lugar donde diferentes sujetos culturales conviven en un espacio geográfico e histórico. Es un lugar híbrido que no puede prescindir el impacto de la colonización y el violento encuentro intercultural. Situada en la problemática coexistencia de distintos sistemas culturales y lingüísticos producidos por el choque y la interacción de diferentes grupos culturales, la obra literaria de Changmarín intenta redefinir y enriquecer la identidad y la historia cultural de los panameños con una orientación definida de denuncia y de protesta mediante el empleo de un estilo realista. La temática se orienta en numerosas ocasiones hacia las preocupaciones más inmediatas de la vida cotidiana: el grave problema del monopolio de la tierra, la miseria y el abandono en que vive un elevado número de panameños, víctimas de la explotación de los terratenientes y comerciantes, apoyados siempre por leyes inhumanas y por la complicidad de funcionarios públicos corruptos. Tal como indica Ismael García S.: "su pintura viva, trágica y derrotista, deja una sensación de pesimismo y de ira contra las incalificables injusticias y atropellos que plantea el narrador" (149). Manifiesta en sus obras, estampas y episodios de la vida campesina y regional. Su simpatía a favor de los desvalidos se muestra a través de la mísera y la lamentable existencia de este grupo social. Así, en el prólogo de su segundo poemario, *Poemas corporales*, se resume su posición comprometida y su estilo literario:

> Aquí empieza mi canto, son del pueblo
> llanto y dolor del nervio malherido.
> Aquí ladra mi ser; de aquí despierto,
> chispa de sol terrestre dando tumbos,
> mordiendo la rajada geografía.
> Yo voy en busca de la vida a tientas
> y aunque detrás de mí los cien lagartos,
> del hambre y la miseria se deslizan,
> levanto con mis huesos adelante,
> porque el viento de rojas esperanzas
> va floreciendo rosas cuando marcho.
>
> Voy en busca del pan… sólo migajas
> encuentro en los torcidos recovecos.
> Mas he de hallar los verdes arrozales
> pariendo sobre el yermo y las espinas.
>
> En busca de la Patria voy rodando
> y sólo polvo y amargura encuentro.
> Pero he de verla marinera, libre
> bailar en el tambor de la alegría.
>
> [………………………………….]
>
> Yo soy hecho de sal y de esperanzas.
> Duro para matar. Soy medio tigre
> y a veces ruiseñor y serranía.
> De la barriga de la Patria vengo,
> donde la tierra chola me amamanta.
> No en vano el pueblo me cuajó en su sangre,
> porque en la noche cruel entre bramidos
> yo clavo mis colmillos de cachorro
> en las frondas carnales del futuro
> abriendo los claveles de la aurora.
>
> (*Poemas corporales* s.p.)

Al igual que Regino Pedroso, vemos la urgencia, el didactismo, el carácter narrativo y la reaparición constante de ciertos temas claves que se verán en sus obras. Las posiciones que adopta van desde la protesta directa hasta la reproducción de elementos cotidianos y marginales que forman la realidad panameña, como "arrozales," "yermo," "espinas," "bailar en el tambor," "serranía," "sal" y "cholo." La voz poética llega a ser la única que tiene una conexión directa con el pueblo, el interior regional ("Aquí empieza mi canto, son del pueblo / […] / No en vano el pueblo me cuajó en su sangre"), y por ende, el único que puede expresar su realidad. Asimismo, se ve una denuncia clara de la descomposición de los valores esenciales y de los derechos de los seres humanos, "Voy en busca del pan… sólo migajas / encuentro […]," "[…] mis manos sangran y devoran / buitres de la muerte mis orejas […]" (s.p.). Esta reprensión es también sinónimo de crítica al sistema patriarcal y/o a la sociedad estratificada donde la "Patria," ausente o amenazante, nunca es protectora ya que "En busca de la Patria voy rondando / y sólo polvo y amargura encuentro" (s.p.).

Al evaluar su estilo literario, García S. comenta que el deseo de crítica y denuncia por parte del autor mediante la presentación de una realidad directa sin adornos, suprime y escamotea la imaginación del lector; por consiguiente, "Su estilo no se eleva a situaciones de alto nivel artístico, pero tampoco decae hasta lo chabacano e incorrecto. Si en sus relatos estuvieran más veladas las intenciones de protesta social y se diera más espacio a la imaginación, los aciertos estéticos serían indiscutibles" (150). Asimismo, la reproducción literal de los particularismos fonológicos del habla regional en sus obras, según la crítica Margarita Vásquez, "pierde valor si se la compara con las preferencias léxicas y sintácticas del narrador, cuya expresividad creadora hoy tiene el olor y el color de lo añejo" (59). No obstante, en relación al estilo realista que adopta Changmarín en su escritura, Franz García de Paredes asevera que a pesar de la posición comprometida del escritor panameño, existe un "componente irrealista," es decir, "lo real maravilloso" o "realismo mágico" (34) en sus obras. Pedro Rivera comparte la misma opinión y comenta que el escritor va más allá de presentar una sola realidad. Su intención social y crítica se ve reforzada por la mezcla de la fantasía con la realidad y lo cotidiano:

> la realidad que se asume, desde la fantasía, desde la fabulación, en manos maestras, como lo hace Changmarín […], no sólo es legítima sino más eficaz en la relación autor-lector porque —a diferencia del enfoque sociológico o histórico— presupone un

> auténtico y profundo buceo a la psique colectiva y, en esa misma medida, a la verdad, a la verdad humana. (12)

A nuestro parecer, el estilo que adopta el escritor veragüense en su obra es árido que carece de toda clase de adornos. El fuerte contenido social y la urgencia didáctica que determinan sus textos ofuscan, no pocas veces, la imaginación, la autenticidad, la originalidad y el valor estético de su prosa. Su texto muestra una pluralidad de temas y personajes, revelando una gran sensibilidad para captar la atención de los lectores, pero no llega a desarrollar ninguno en profundidad. No presenta un nudo que necesite un desenlace; más bien, acontecimientos cotidianos que experimentan los personajes. No obstante, es importante recalcar que las obras de Changmarín deben ser consideradas dentro del contexto marcado por un énfasis constante de tratar de indagar y definir el rol de la literatura y por extensión, su propio rol como escritor en relación con la construcción de la identidad nacional. Se identifica con los marginados, se acepta como popular y se siente orgulloso de ser creador de un producto que no es considerado representante de las bellas letras. Su estrategia no es reclamar méritos artísticos, sino exigir la aceptación de su obra como la de un producto sincero y llano, y apelar a esta condición como su verdadero valor. Su propósito fundamental es plantear una dimensión multiculturalista, integrando lo social y lo político en sus obras. Changmarín responde a una concreta necesidad política y es la que determina la opción de elegir un esquema comunicacional que simule un emisor campesino dirigido a un semejante sobre asuntos que les conciernen: "[...] debemos escribir las novelas de los pueblos, si queremos lograr la visión totalizadora de nuestra identidad nacional y latinoamericana" (*En ese pueblo,* la contraportada). Esta decisión estética, para lograr su eficacia, necesitaba también llevar al máximo la ilusión verista: no debía ser considerada literatura, sino una representación de la vida; por ende, de la realidad cotidiana y de la identidad panameña.

Por tanto, el carácter descolonizador que mueve y determina la narrativa de Changmarín tiene como blanco aquellos discursos colonizadores panameños, identificados como liberadores, "nacionales," creadores de una cierta identidad, que excluyen a las mayorías subordinadas, las cuales han sido forzadas a adaptarse a ese modelo de "identidad" concebido a sus espaldas. En una entrevista de Enrique Jaramillo Levi al escritor en *Ser escritor en Panamá,* vemos la afirmación de esta idea:

> El peligro lo veo en el sometimiento a la política de la globalización de la cultura, que busca uniformar al mundo bajo determinados estereotipos y la imposición del cosmopolitismo [...] Yo no creo en el hombre universal o el hombre mundial. Ese individuo no existe y si ha de aparecer algún día, pienso que será muy lejano. (64–65)

El escritor se ubica de manera contestataria a un discurso hegemónico asentado en la realidad cultural y simbólica panameña. Ese otro distinto no necesariamente es ajeno, sino que siempre ha estado en el Istmo oponiéndose a la voz dominante. No se trata de buscar las esencias de lo que es ser panameño, sino de problematizarlas, descubriendo matices individuales que se escapan de una concepción limitante de lo que es panameñidad. Para Changmarín, Panamá nunca logró constituir una identidad homogénea, sino más bien una pluralidad de comunidades casi apartadas entre sí. Se incorpora, entonces, la permanencia del campesino, del indígena y del africano en la literatura, acogiendo a éstos como signo de lo panameño. Dentro de esta idea, el campesino, el habla, y el campo dejan de ser simple adornos o recursos literarios para convertirse en símbolos y representaciones de la memoria colectiva en los que se entretejieron historias y vidas.

En los siguientes cuentos, Changmarín reproduce invariablemente ciertas temáticas en su producción literaria. La transculturación en estos cuentos así como en su novela no sólo denota el nacimiento de una nueva cultura, sino también la relación impositiva de una cultura sobre otra. Sus colecciones de cuentos, además de revelar una manera de vida campesina, como la vivienda, los métodos de cultivo y distribución y el ambiente de la casa con los animales domésticos, son textos que revelan al terrateniente, a las autoridades, exponiendo acontecimientos de diversa índole. El centro es el campesino y el indígena que, marginados por las injusticias sociales y sumidos a la explotación, viven condenados a una existencia lamentable. Asimismo, a pesar de otras referencias geográficas ocasionales, muchos de los cuentos se ambientan en el campo que el autor considera el corazón del mundo panameño. El campo es un lugar de seguridad cultural y personal, pero eso no indica su embellecimiento, ya que en este ambiente hay mucho que se presta a la crítica social y se presencia también la violencia. Sus textos demuestran un gran acopio de escenas de la campiña con fuerte dosis de realismo: los desmontes, las quemas, las siembras, las cosechas, las crecientes devastadoras de los ríos arrastrando a su paso ranchos y sembrados, y la explotación de los ricos hacendados hacia los desvalidos campesinos. Las notas positivas referentes al campo como centro de vida o de orgullo étnico han ido acompañadas siempre de un sentimiento más íntimo de supervivencia, de inseguridad o de amenaza.

Presenciamos una protesta contra la explotación de una sociedad determinada por el sistema económico que niega las condiciones básicas de subsistencia a los que menos o nada tienen. El conflicto social se presenta en la lucha de clases que se evidencia de forma inmediata la desigualdad social: los ricos terratenientes, las autoridades civiles, los políticos discriminan, explotan y someten a una mayoría campesina que padece hambre, analfabetismo, desempleo y miseria. En "Faragual" (*Faragual*), por ejemplo, el narrador omnisciente revela las causas que determinan el destino de los campesinos en la absoluta miseria:

> Los dueños antiguos de la tierra comenzaron a dar parcelas a los campesinos para que las dedicara al cultivo arrocero, con el compromiso de sembrarlas de faragua una vez que obtuvieran la primera cosecha.
>
> [...] Aquellas rudas manos de los pobres labradores, que echaron la menuda semilla en la tierra, iban, a la vez, cercando fatalmente su existencia de puñales que un día degollarían sus esperanzas humanas. (83)

Mediante esta breve descripción, el narrador traza el determinismo que marca el destino de los indígenas campesinos, quienes siempre están condenados a la explotación. Bajo esta concepción determinista, los campesinos no tienen otra opción que la de sembrar faragua que "no sólo es bella y alimenticia" para las vacas sino también es espantosa. Su semilla "volaba con el viento [...] mordiendo la buena parcela," y "en donde el faragual hincaba sus raíces, jamás solía levantar otra verdura" (84–85).

Los campesinos que no poseen nada más que "el monte recién tumbado, en donde cabrían veinticinco latas de semilla, maíz, frijoles [...]" (86), quieren entonces sembrar arroz después de la primera cosecha de faragua. Sin embargo, debido al poco valor económico del arroz, éstos fueron forzados por el ganadero a sembrar más faragua. Desesperados, deciden hablar con el gobernador para exigirle el derecho de sembrar arroz; no obstante, éste que desdeña y aborrece a "la gente paupérrima" y que es muy bueno "en el negocio de dar escrituras falsas, o transar con ricos terratenientes" (86), les comunica que el terreno le pertenece a don Julio, un terrateniente rico y poderoso que empezó como "cimarronero" y que tenía "olfato de traficante y bandido" (86). A los personajes campesinos no les queda otra alternativa que contratar a un abogado para que les ayude con su caso. Para sorpresa de todos y del rico ganadero don Julio: "el fallo resultó a favor de los campesinos de la 'Llaná.' Lo que venía a ser como cosa hecha del diablo, ya que en la historia republicana, no se había visto que un Tribunal fallara en contra de un rico ganadero" (87). Los incrédulos y felices labradores deciden entonces sembrar arroz y maíz. Al final, empero, los campesinos terminan en la cárcel porque se les acusa de haber asesinado a don Julio. El conflicto social asume una perspectiva trágica y determinista, ya que la explotación y la discriminación, al igual que la precaria condición socioeconómica de estos personajes no es ocasional, sino producto de las circunstancias socio-histórico que vivieron y sufrieron los campesinos.

Al leer este cuento, llama la atención el empleo de un lenguaje que mezcla enunciaciones cultas y expresiones propias de los campesinos. Dentro del ámbito transcultural, Changmarín recurre al diálogo y a las transcripciones fonéticas del habla de los campesinos con el propósito de invertir "su posición jerárquica" (Rama, *Transculturación* 42) de escritor frente a la de sus personajes, ya que en lugar de "singularizar al personaje sometido al escudriñamiento del escritor, pasa a ser la voz que narra [...]" ocupando "el puesto del narrador manifestando su visión del mundo" (42). Los personajes marginados proyectan su condición socioeconómica y cultural, como se observa en el siguiente diálogo entre los campesinos y el gobernador de "Faragual":

> —Ah, sí, ustedes son los de la "Llanada." Ajá... para ver... Sí. Pues miren aquí ha venido don Julio. ¿Lo conocen?
>
> —Sí siñol—, respondieron a coro, los atemorizados campesinos.
>
> —Bueno, distinguidos ciudadanos, don Julio me trajo estos papeles. Aquí están. Léanlos—. Extendió una vieja escritura. Los hombres miraron por encima del bulto.
>
> —Tenga la bondá e lejlo ujté. Siñol, que uno no sabemoj.

> —Muy bien. No hay necesidad, jóvenes. Se trata de que don Julio quiere que suelten este terreno, pues legalmente le pertenece.
>
> —Siñol—, dijo el hombre más hecho—, ejta tierra ej diuno. Ujté mejmo noj certificó jace año, que era tierraj librej.
>
> —Je... je ... está bien eso. Yo dije eso. Pero don Julio dice otra cosa. Luego entonces, muchachos, no sean tontos, busquen un buen abogado... miren yo tengo un compadre... (87)

Víctima de la explotación por su ignorancia, el narrador concede, a través del diálogo, las palabras a los personajes, lo que hace que el lector conozca directamente las frustraciones, impotencias, amarguras de los campesinos y se solidarice con las víctimas de la explotación.

Dentro del contexto neocolonial, presenciamos también en el texto de Changmarín el problema de la inmigración campesina a los centros urbanos. En la relación entre el campesino y la ciudad siempre se nota cierta incertidumbre e inseguridad que se manifiesta en la adaptación incompleta de éstos al nuevo ambiente. "El extraño suceso de la segunda guerra mundial en un pueblo de Panamá" (*Las mentiras encantadas*) y "Chombo" (*Faragual*) son dos cuentos que relatan viajes desde la tierra de los ancestros, como el campo para confluir en la ciudad de Panamá. En "El extraño suceso," la ciudad, símbolo de progreso y fortuna, adquiere connotaciones de destrucción y de desgracia. El personaje principal, Juancito Pérez, decide ir a la ciudad en busca de mejores oportunidades de trabajo porque "la juventud del campo corría a las obras del Canal y de las bases militares gringas [...], y algunos muchachos regresaban a fin de mes, con muchos dólares [...]" (108). Resuelve, entonces, trabajar en la base militar norteamericana porque necesitan seres humanos para probar y medir la efectividad de las máscaras antigases que el ejército estadounidense usaba en la guerra. Termina, al final, regresando a su pueblo muerto: "En el velorio, un compañero de trabajo explicó lo sucedido: —El trabajo lo pagan bien. Es de probar máscaras. Si las máscaras tienen algún desperfecto no las mandan a sus soldados del frente. Son diez dólares que pagan por cada sesión; la verdad que es un lujo de salario" (117). La presencia estadounidense en el contexto espacial no es un rasgo fortuito, sino que se presenta con la finalidad de acentuar la injusticia marcada por un conflicto de tipo socioeconómico y político que refuerzan el grado de miseria de los personajes.

Como se puede ver, la ciudad representa no solamente un espacio de oportunidades de trabajo para el obrero y el artesano emigrante que esperan trabajar en la Zona del Canal, sino también un espacio degradante con problemas de la miseria y de división de clases. En "Chombo," la familia de Chavela, la novia de Chombo el "mulatico," decide mudarse a la capital en busca de una vida mejor. La novia le pide a Chombo que se vaya a vivir con ella a la ciudad, pero éste la rechaza porque "su puro corazón campesino despreciaba este desecho de la sociedad [...]" y considera que "todo allá en la civilización era perverso y malo" (39). Esta actitud del campesino hacia la ciudad, los iguala socialmente; desaparece, de este modo, el factor de prestigio que supuestamente era el sello de la clase letrada.

Más adelante, estando ya en la ciudad, Chavela se da cuenta que "no tenía el color de rosa" que habían esperado porque en la capital:

> [...] la gente andaba semidesnuda y hambrienta, policías mal intencionados e irrespetuosos que privaban de libertad, tuberculosis y gonorreas... Trabajos en la Zona; duros, peligrosos, bajo el mando de gringos groseros e inhumanos que trataban a los negros como animales... Las mujeres se pervertían y los soldados violaban a las chiquillas, dejándolas abandonadas en las playas. [...] Su puro corazón campesino despreciaba este desecho de la sociedad, producido por fuerzas inclementes que él no llegaba a comprender. Le parecía simplemente que todo allá en la civilización era perverso y malo; ignoraba las causas de tanta miseria humana enclavada en la carne de los hombres. (39)

El viaje emocional del campo a la ciudad implica el desplazamiento de una cultura a otra, con la consiguiente adaptación al nuevo ambiente no se completa. Chavela no soporta la vida capitalina porque "todo le parecía inmundo, horrible; no sabía que [...] la vida fuera precisamente así" (45). Se percibe, entonces, un sentimiento de rechazo, enajenación, desesperación y angustia que niega una apertura total a la asimilación cultural de la ciudad. El regreso al campo representa una forma de resistencia, una reafirmación de la identidad cultural y una búsqueda de esa nación negada para el subalterno.

Es importante mencionar también que dentro del mundo rural la familia representa el vínculo con el pasado y la historia. Entre las figuras familiares evocadas a las que recurre con más frecuencia están la madre y la abuela. En los cuentos como "Chombo" (*Faragual*), la imagen de la madre se centra en el acto de cocinar o repartir la comida, confinando la figura femenina a una posición tradicional. En "La abuela del tigre" (*Las mentiras encantadas*), la evocación de la figura de la abuela juega un papel importante porque representa la nostalgia por un mundo perdido cuyos valores de simplicidad y coherencia contrastan con la ambigüedad y las tensiones del mundo moderno. En este sentido, las abuelas, además de ser las portadoras de la tradición, son las encargadas de la transmisión oral de la misma.

Como se puede ver, el campesino, el campo y el lenguaje dejan de ser un instrumento decorativo para instalarse como texto cultural fundamental a la hora de pensar o imaginar un discurso de la descolonización. De este modo, el monologismo teleológico de Occidente cede ante un ejercicio integrador que logra expresarse en la variedad de expresiones y cadencias que articulan distinta cosmovisión que aparte de convertirse en transgresora de la idiosincrasia del precepto hegemónico, será la encargada de transmitir su versión no oficial de la historia. Así puede entenderse el rol de Changmarín como agente cultural, de espacio discursivo contestatario, en la medida en que rebasa el status quo y adopta un lenguaje alternativo al hegemónico.

## *El guerrillero transparente*

*El guerrillero transparente* es una novela enmarcada en un contexto neocolonial como representación transcultural que da cuenta de cómo las relaciones interculturales no sólo son simples intercambios, diálogos o contactos, sino un juego de fuerza y poder. En la dedicatoria de esta obra, el escritor comenta que la novela está dedicada a La Guerra de los Mil Días, a las juventudes, a los trabajadores del Canal de Panamá y del ferrocarril. Esta novela está basada en los acontecimientos de La Guerra de los Mil Días durante el siglo XIX, cuando Panamá todavía formaba parte del territorio colombiano. El escritor se enfoca en episodios relacionados con el general Victoriano Lorenzo, una figura histórica que ha sido severamente difamada durante los primeros cincuenta años de la fundación de la República de Panamá. Este personaje, que fue dirigente de los "cholos" (campesinos panameños con rasgos indígenas pero adaptados a la cultura hispánica), se une a las revolucionarias tropas liberales de Belisario Porras con el propósito de luchar contra las injusticias y atropellos de los cuales eran víctimas los indígenas. La novela concluye con la firma del Tratado de Paz entre conservadores y liberales a bordo del barco de guerra estadounidense *Wisconsin*, un hecho histórico que marcó el destino de Victoriano Lorenzo, fusilado el 15 de mayo de 1903 en el Cuartel de Chiriquí de la Ciudad de Panamá. La muerte del cholo produjo importantes consecuencias en Panamá: por un lado, en el ámbito histórico se ve una incesante revisión del juicio y de la documentación existente con el propósito de aclarar y entender el surgimiento del Estado panameño, en condiciones mediatizadas y oscuras; por otro, en el literario el nacimiento de un mito literario, de un espíritu rebelde de lucha (Nelson Austin 28).

Desde las primeras páginas hasta las últimas, el lector se ubica en los recuerdos fragmentados de los campesinos que testifican lo que vieron o lo que oyeron hasta extrapolar tales testimonios a un nivel intemporal. Escapando de los moldes preestablecidos del género histórico, Changmarín incorpora procedimientos como la fragmentación del tiempo novelístico y el fuerte subjetivismo introspectivo y retrospectivo en su texto para reforzar la idea de la incompetencia de aprehender lógicamente la realidad en su totalidad. El hilo narrativo, al igual que los alegatos de los personajes, transcurrido entre 1899 y 1903, no es progresivo ni lineal, sino fragmentado en pequeñas secuencias que rompen la organización cronológica pero que siguen un orden interior propio. En diferentes momentos, nos encontramos con un narrador sin nombre que recuenta los hechos pasados, pero muchas veces, se reconoce a varios narradores reunidos para reconstruir los hechos: alguien rememora su niñez, otro relata lo que sucedía en el campo conservador. Además, se intercalan textos del caudillo Belisario Porras sobre la Batalla de Calidonia, que terminó con una sangrienta derrota de los liberales a manos del ejército conservador, del general conservador Víctor M. Salazar e incluso del escritor colombiano Vargas Vila. El narrador no se vale en ningún momento de la voz del General para sustentar un episodio, sino que relata lo dicho por otros.

El escritor veragüense demuestra en esta obra una decidida consistencia en los propósitos de respetar y dar voz a la multiplicidad polifónica, sin dejar de poner énfasis en la matriz cultural aislada por el desequilibrio de poder. Se presentan dos espacios geográficos: la serranía, que simboliza la autonomía y el patrimonio para el indígena, y las ciudades de Panamá y sus cuarteles, que representan la diferencia, el neocolonialismo y la injusticia. En relación a estos espacios se ven dos grupos de personajes: la clase dominante, compuesta por los conservadores y los liberales, y la clase dominada, compuesta por los indígenas y los campesinos. Mientras que la clase dominante lucha por el poder, la dominada lucha, no por una ideología política sino por una vida mejor, justa y estable.

Victoriano Lorenzo, como figura principal y representante de los indígenas, no se presenta en carne y hueso, sino que se manifiesta de modo etéreo; esto es, a través de las ideas e impresiones subjetivas de los testimonios:

> El cholo Victoriano no era un hombre viejo, sino joven, tampoco alto, al contrario, más bien chico, como son los indios. Tenía la cara dura y afilada; de frente: ojos de tigre, labios gruesos y nariz fina. A veces, según los vendavales y odios de la guerra, sobre la estrecha frente caían, como gajos negros los mechones de pelo liso. Pero en la guerra solía usar un sombrero blanco y alón, con cinta roja; el fusil, a la bandolera, y una espada grandísima para su tamaño. Encaramado así en la curumba de la sierra, era el verdadero tata de toda la gente de la montaña y de los llanos. (1)

Victoriano, o mejor dicho el guerrillero transparente, ha sido considerado por sus seguidores y enemigos como un ser con poderes extraordinarios lo que lo convierte en el temor de los conservadores, ya que "los que andaban con él y quienes lo vieron sabían que al Cholo no le entraban las balas" (85). Con su muerte, las clases explotadas y marginadas entretejen el mito popular sobre este personaje con la esperanza de que el General retome a la tierra y la vida para que los siguiera defendiendo.

Después de haber sido condenado a la pena capital, se comentaba en la reunión de sus seguidores el carácter incognoscible de la verdad: "No crea usted que para aquellos días todo estaba claro sobre lo que había acontecido en el Istmo. Sus compañeros de armas, más cercanos, eran sabedores que Victoriano Lorenzo había sido fusilado; pero en la montaña alguna gente dudaba de la información" (84). El personaje de el Mocho Esteban, "de quien dicen que está loco" (84), asevera que se ha encontrado con Victoriano, montado en un caballo de cristal:

> oiga, me topé nada menos que con el "mismo" Victoriano Lorenzo, el cual andaba, le digo, montando en un caballo de Cristal... y agregó el Mocho que puso la jaba en el suelo, y con el machete en la mano subió al anca del potro de Victoriano, pero sí notó verdaderamente que el caballo era de cristal. (84–85)

La abuela afirmaba que el Mocho no estaba loco y que las cosas eran como él decía. Otro narrador comenta:

> Pues bien, tal vez no se sepa nunca quiénes fueron las personajes reales que manejaron ese asunto, pero no hubo ninguna dificultad en aceptar la petición ... Y hasta el señor Gobernador se escaparía de la ciudad para no estar presente a la hora del fusilamiento del guerrillero entregado por los liberales, bajo la apariencia de los amparos del tratado de paz del "Wisconsin," instrumento que fijaba la amnistía para los participantes de la desoladora Guerra de los Mil Días. (85)

Al formular estas ideas, la novela se adelanta a relacionar la muerte de Victoriano con la subsiguiente separación de Panamá de Colombia y la firma de un tratado para la construcción del canal. Fusilaron a Victoriano precisamente para evitar un levantamiento futuro, pero que, con su ejecución, el espíritu indómito de los cholos no ha muerto, se deduce.

Para acentuar la injusticia de la muerte de Victoriano Lorenzo y ofrecer una denuncia más profunda y trascendental a este hecho histórico, Changmarín incorpora elementos fantásticos que transgreden e infringen las experiencias cotidianas y la realidad limitada del receptor, dominadas por la exigencia de la razón y la lógica:

> los trenes se descarrilaban entre el Atlántico y el Pacífico, porque los rieles se volvían puro jabón de barra. y seguía lloviendo. de relámpago en relámpago, a veces se oía la trompeta estupenda que sonaba un derrotero e insólito toque de avance. y seguía lloviendo. varias veces, y en distintos lugares cayeron toneladas de sardinas, "manadas" y hasta tortugas transparentes. (91)

Esta denuncia de injusticia se expresa a través de las descripciones fantásticas para que se quede enfatizada y el lector se percatará de ella fácilmente, ya que es la acción que le ha provocado el extrañamiento y la sorpresa, la que contiene un mensaje que finalmente hace referencia directa a la realidad real. Según Enrique Anderson Imbert, el uso de esta técnica presenta una visión más profunda de la realidad: "Entre la disolución de la realidad (magia) y la copia de la realidad (realismo), el realismo mágico se asombra como si asistiera al espectáculo de una nueva creación. Visto con ojos nuevos a la luz de una nueva mañana, el mundo es, si no maravilloso, al menos perturbador" (18). Asimismo, la simbiosis magia-realidad, como asevera Rama, deja "en libertad la materia real perteneciente a las culturas internas de América Latina" (Rama, *Transculturación* 53). O sea, produce elementos culturales que residen en los personajes campesinos, marcando pautas que le sirven como un factor de cohesión y defensa de su identidad, frente a un poder tradicional que los discrimina al igual que los explota.

Victoriano se enaltece no sólo por su resistencia física, sino también por la esperanza que incita a todo el pueblo y además por los poderes que le delega el pueblo. Su carácter de héroe real entre la población campesina se demuestra tanto en el plano natural como en el sobrenatural. Su captura y muerte no destruye la creencia popular, sino que se manifiesta todo lo contrario, como se puede ver en los testimonios del capitán Marín, el Gato, que luchó junto con el general:

> Mire, para que usted sepa, yo no todo el tiempo fui hombre bueno, y digamos, honorable, como soy ahora, ya cundido en canas, lleno de hijos, nietos, y biznietos. Pues con el nombre de Victoriano tengo dos hijos, cuatro nietos y ocho biznietos; además, entre el resto hay unos ocho que se llaman Lorenzo. (19)

La magia cobra trascendencia, no simplemente como una categoría estética, sino como un mecanismo de defensa colectiva. El elemento mágico de los campesinos produce manifestaciones espirituales mezcladas con formas paganas de conducta. Esta evidencia del mestizaje cultural refleja el pensamiento colectivo de los campesinos. Aún más, el pensamiento mágico les sirve como alternativa de salida ante las injusticias y la miseria que los golpea. Representa un mecanismo de defensa psicoideológico que se ha perfilado históricamente por las humillaciones y explotaciones de que siempre han sido objeto.

Aparte de los elementos fantásticos, se evidencian las costumbres populares y las escenas rurales como tema para insinuar sus críticas contra la dominación. Victoriano Lorenzo, aparte de ser un guerrillero, se identifica con las costumbres de su pueblo, como podemos ver en los siguientes versos que canta:

¡Ay decía Pedro de Hoyos
que era Don Pedro de Hoyos!
y aquí le grito a todos,
que ya no comerá más bollos…
y si alguien tiene algo que decir,
que lo diga pues ahora,
pa' que le pase lo mismo que el hombre
y lo metamos sin bollo en el "joyo." (18)

Se vale de la costumbre para proveer al lector una idea completa de la realidad cultural panameña de los años que vivió Victoriano. Presenciamos la importancia de la transculturación como base de las dinámicas de la heterogeneidad, la fuerza creadora de las culturas marginadas, aunque ésta se encuentre en los extremos de una relación de poder. De igual importancia, existen en el texto muchas referencias de costumbres de las cuales el guerrillero transparente participa:

> […] el asunto de las peleas de gallos, donde Victoriano era el encargado… Por el llanito, los que no jugaban gallos, corrían caballos en parejas, rasgueando los animales frente a los ranchos de las muchachas hermosas. Las mujeres empolleradas parecían gallinas "culecas," iban de un lado a otro. Cuando ya se hizo de tardecita, terminó el juego de gallos, y tomó la cantadera que finalmente dio paso al afamado tambor. (23)

Otro rasgo llamativo es que se presenta a las mujeres indígenas como seres valientes y luchadores que no se resignan a la injusticia y al olvido. Participan en las batallas para mejorar la calidad de vida de los suyos: "Antes que se saliera con las suyas —respondió una de ellas— bajamos con escopetas algunas de nosotras, y los esperamos en el río cuando los desgraciados entraron en el agua... allí fue la cosa, tumbamos a siete" (17). Igualmente, son las mujeres quienes mantienen el pasado heroico. Así todavía "se oye" por la montaña "el grito de las mujeres de los guerrilleros, que llaman a la revolución ayer, hoy, mañana" (18). Lorenza, la esposa de Victoriano Lorenzo, también aparece con un aura sobrenatural después de la muerte. De ella se rumora que todavía se deja ver en las montañas, con su ejército transparente defensor de las clases oprimidas:

> […] la finada Lorenza, la mujer del Cholo Victoriano, la Generala sale, su alma y su cuerpo, con la enagua negra y las rosas

> rojas en el pecho y la cabellera larga flotando entre las fibras del viento.
>
> Llama a Victoriano Lorenzo: ¡Victorianoooooooooo!
>
> Levanta de nuevo a los guerrilleros de la cordillera, y a veces hasta disparos se oyen en las noches y yo sí lo creo, perfectamente. (68)

Hay una mirada irónica en lo que se refiere al reconocimiento de los valores y la moral social. Los campesinos, sin opiniones dogmáticas ni ideologías propias, muestran o descubren al lector los desatinos, abusos y ridiculeces de la sociedad. Son claras las normas morales y políticas que se asumen, que sirven para medir la pertinencia de los cholos en una revolución contra el bando de los "blancos":

> Los godos nos pintaban como cuadrillas de ladrones y cuatreros. Victoriano, el jefe, decía cosa distinta: "los pobres indígenas están sumamente mal, no están un momento tranquilos, los persiguen con guardias de policías para hacerlos trabajar forzadamente"... y súmele usted la necesidad de sal, que la tenían los ricos; la tierra y principalmente, la justicia. (17)

La crítica va dirigida a los conversadores y también a los liberales:

> [...] ¿Sabe? Porque algo que se tiró esa guerra eran los muchos celos que había entre los oficiales liberales, sobre todo entre los que venían de Colombia y los panameños, cada uno se consideraba jefe civil y militar del Istmo, cada quien era el mandamás, y a veces existía más odio entre ellos mismos que entre los liberales y conservadores. (40)

Pinta a los conservadores y a los liberales como seres ignorantes incapaces de comprender el poderoso papel de la figura mítica de Victoriano en la conciencia colectiva del mismo pueblo. Este ataque también se ve en las críticas de la iglesia que, además de encontrarse al servicio de un gobierno corrupto, no goza de buena reputación, como podemos ver en el siguiente testimonio del Gato que trabajó de sacristán y monaguillo para un cura español "libertino y mujeriego":

> [...] Y pronto, en los distintos combates donde actué pude lavar mis pecados, en las peores condiciones, unas veces vencedor, y otras, derrotado y herido. [...]. Éramos dueños absolutos de la cordillera [...] peleaba porque sentía un gran amor por todos los

> revolucionarios, pero sobre todo, por la cholada, los indígenas campesinos como yo que sólo teníamos miserias y cadenas. [...]. (23–24)

La deficiente formación cultural que padecen los campesinos, no es un caso fortuito, ya que su marginación social obedece al largo proceso de sometimiento que sufren, desde la conquista. Por eso, ante la situación histórica, estos personajes carecen de la conciencia ideológica. Su incorporación a las filas de la política socialista, depende de las necesidades vitales que urge a los campesinos. Es decir, la esperanza para una vida mejor que pregonaban los liberales no es más que la motivación de los campesinos ante las falsas promesas ideológicas de los liberales a las que se incorporaron para hacer realidad ese sueño.

Al alejarse aún más de una cuestión puramente en referencia a la raza china, *El guerrillero transparente* es una obra que se identifica con lo indígena, lo campesino. La obra se presenta en un espacio híbrido que desafía y cuestiona a la literatura, creando un espacio donde la voz del otro, la oralidad pura, tiene un lugar que define al propio género. Las hazañas evocadas no provienen de una voz exterior, sino de una voz compartida. Los testigos se presentan como representantes de una colectividad. Es una exclamación de rebeldía colectiva. Por eso, a lo largo de la obra, fluctúan las primeras personas singular y plural indistintamente. Esta misma oscilación supone un descentramiento del autor, que se convierte en una categoría fluctuante, pero al mismo tiempo en una voz que desarticula un sujeto central monológico que es el de la cultura letrada. Changmarín establece en su obra una práctica discursiva diferente que determina la emergencia de un nuevo sujeto: el sujeto híbrido que se constituye a través de una "historia otra." Es una historia que reacciona frente a la exclusión de la oralidad consumada por la ciudad letrada y que se postula como un modo alternativo de narrar lo nacional. De acuerdo a Rama, la dialéctica y tensión entre oralidad y escritura deviene en práctica contestataria que expresa la resistencia de los grupos marginados a ese poder de la escritura. El autor incorpora lo oral en su escritura para valorarla y, más aún, para potenciarla en un proyecto que contribuya a una heterogeneidad más justa y democratizar el imaginario colectivo.

Como se puede ver, la novela deja constancia escrita de una sintaxis propia del campesino panameño. La comunicación oral se expresa a través de la voz y su potencial se encuentra en ser narrada. Se trata de una igualdad epistemológica y cultural, y no de una equidad de procedencia burguesa, que en nombre de la justicia, fija las desigualdades que la han constituido como patrón de poder. Hay un reclamo de igualdad de las provincias en el que resuena una queja del ideal liberal. Entre la ciudad letrada y el vasto territorio de la oralidad que la circunda, el escritor veragüense pretende conseguir la reivindicación de los derechos de las clases populares y su protagonismo en el proceso nacional. Construye un proyecto nacional, definido por el reconocimiento de su carácter periférico, y subalterno.

A pesar del carácter sobrenatural de la novela, la guerra está claramente concentrada desde el punto de vista de los cholos. Es una recreación que percibe las divisiones entre los jefes del liberalismo; el desprecio y la incomprensión de los militares de las tácticas de las guerrillas; la intromisión y las manipulaciones de los estadounidenses, que unas veces apoyaban a los liberales y otras a los conservadores; y el entendimiento y la avenencia entre las clases dominantes: "ellos son ricos y se respetan; ellos son blancos y se entienden, más si los empuja el gringo…"; la verdadera causa económica: "ahora sí podían lograr que el Senado de Colombia aprobara el tratado para construir el Canal, para que todos fuéramos ricos" (74). La estructura de la narración favorece la negación del sentido único y cerrado de la historiografía y de la literatura. Favorece una lectura diferente del pasado, mediante la multiplicidad de narradores y un *collage* de fuentes de información. Es "otra versión" de la historia que se conoce de oídas. Resiste la historia de los blancos y reconoce la versión de los marginados; esto es, resiste la ambivalencia ética, ideológica y estética de los discursos históricos, sobre la que, irónicamente, ha estado moviéndose la narración para escoger una sola vía: la que señala el pueblo.

Esta obra se puede leer como una novela de exploración, una búsqueda que conlleva la libertad, un guerrillero que lucha contra la opresión. Es la historia de toda nación americana que busca independizarse del centro. Es una transfiguración literaria apoyada en elementos y figuras tanto ficticias como históricas y, además, en recursos estéticos del escritor. Es precisamente en esta transfiguración literaria donde el rostro de lo fantástico se revela en lo cotidiano, exponiendo los elementos del imaginario y la tradición del pueblo panameño. Quiere que el lector de esta novela se identifique con este sector marginado y comprenda mejor por qué es importante reconocer su lucha constante contra el imperialismo.

Más que una lectura directa en silencio, las obras de Changmarín están diseñadas para ser leídas en voz alta para el público analfabeto, y la reproducción oral, a veces acompañada del canto e instrumentos musicales, refuerza la difusión y la comprensión de la vida de este grupo marginado. Su literatura no es un instrumento de sometimiento, sino una oportunidad de resistencia. Changmarín se apropia de la voz campesina y se la devuelve transformada en una alianza de múltiples voces. Utiliza estas voces como espacio de tensión y de desplazamiento constante de sentido. Representar la identidad a través de estos personajes adquiere, entonces, también la connotación de convertirse en un agente activo, de dejar de ser simplemente objetos de un discurso nacional para convertirse en sujetos de esta construcción discursiva. El escritor no sólo apela, entonces, al protagonismo del campesinado a través de la oralidad, sino también a través de la incorporación de la vida y actividad campesina. Entre la cultura oral y la letrada, su obra logra constituirse como un espacio de representación "otro," cuya legitimidad no procede completamente ni de lo culto ni de lo popular, sino de una particular inflexión de ambos que tiene como objetivo primordial reinvindicar la imagen de estos "primitive others" impuesta por el centro.

Por ello, las obras de este escritor veragüense representan un esfuerzo por ensayar un discurso de la descolonización, con ello la des-orientalización. En dicho contexto planteamos que su literatura busca exteriorizar, poner en evidencia el carácter impositivo, colonial y excluyente de los discursos nacionalistas hegemónicos. Lo anterior se logra mediante la inclusión, en el mismo espacio de la narrativa, de aquellas voces que han revelado el poder de la palabra, las cuales son enfrentadas con aquéllas que han sido excluidas: el componente indígena, africano y popular. Según Rama, la transculturación manifiesta el complejo proceso de ajuste y recreación cultural, literaria, lingüística y personal que permite que nuevas configuraciones emerjan del encuentro intercultural: concesiones, apropiaciones, invenciones encaminadas hacia la producción cultural y simbólica que deviene de la transculturación.

La escritura de Changmarín se debe situar en una lucha continua por acceder al poder de lo simbólico. Esto es, al saber que permita pensar y pensarse, asumiendo que el centro es una invención y que aquello que no lo es, posee a su vez la capacidad y el derecho a un discurso propio. La condición de subalternidad de estos grupos no será enfrentada ni superada sin reconocer previamente esa misma condición. Sus obras trazan configuraciones y esbozan una contracultura que rescata y redime la historia con la intención de proponer la renovación nacional.

# Conclusión

La transculturación en la narrativa es una vía de creación y resistencia ante los conflictos surgidos por el choque de culturas disímiles en términos de poder y dominación. Este tipo de narrativas transculturales se caracteriza principalmente por construir un espacio nuevo donde conviven culturas diversas que influyen y convergen dentro del ámbito heterogéneo producto del contacto intercultural. Las obras que hemos explorado a lo largo de este estudio pretenden demostrar cómo desde los intersticios culturales, desde las orillas que rodean a una cultura central, la literatura transcultural ofrece expresiones artísticas que denotan resistencia frente a la imposición colonizadora. Para ello, el lenguaje, la música, la cosmovisión, la filosofía, la axiología cultural se incorporan como referentes fundacionales culturales. Sin vedar la aceptación de nuevos elementos, las narrativas transculturales ponen de relieve la supervivencia de una memoria cultural resistente, integradora, que lucha por su preservación, recreación, valorización y ficcionalización.

Dentro de este marco transcultural, los inmigrantes chinos y sus descendientes de primera o segunda generación ya asimilados o integrados de cierta manera a la cultura dominante latinoamericana, manifiestan tres escenarios de identidad procedentes de las relaciones sociales, económicas y políticas que se establecieron entre los chinos desplazados y los latinoamericanos. El primero se relaciona con una identidad culturalmente definida y arraigada en la sociedad de acogida, donde los individuos comparten un conjunto de características, maneras de ser, singularidades idiomáticas, prácticas tradicionales, ritos, memoria, con los cuales se ha cimentado una comunidad imaginada. El segundo, atañe a los propios chinos que traían su propia identidad cultural para insertarla en el espacio latinoamericano como proyecto del futuro. El tercero se aleja de la cuestión racial y se ocupa de temas más universales como la desigualdad y la injusticia social. En la escritura, opera una híbrida matriz identitaria de inclusión y exclusión en la cual, por un lado, las generaciones descendientes preservan una parte de los componentes obtenidos de la identidad cultural china y, por otro, una concepción histórico cultural presente en la sociedad acogida en el proceso de reconstitución de su identidad, a la cual los inmigrantes y su descendencia se incorporan, pero, al mismo tiempo, excluyen una parte de sus rasgos identitarios que los definen. A partir de la memoria de los ancestros y del origen de la identidad diversa, los escritores, con la excepción de Changmarín, muestran en su escritura una conciencia clara de la historia de migraciones y movimientos poblacionales que compone Latinoamérica.

En el primer capítulo, nuestro interés se ha centrado en hacer un recorrido histórico de la presencia china en Latinoamérica en los siglos XIX y XX. Hemos demostrado que los chinos desplazados a Cuba, Perú, México y Panamá sufrieron el rechazo, la opresión y la discriminación, y en algunos de ellos fueron excluidos mediante sus legislaciones. A pesar de ello, con la extensión de su permanencia y su integración progresiva en las sociedades de acogida, los inmigrantes chinos y sus descendientes contribuyeron al devenir cultural de los lugares en que se asentaron. La compleja, ardua y dolorosa experiencia histórica ha impactado y moldeado de alguna manera en la cosmovisión cultural y en la redefinición de su propia identidad. La transculturación se convierte en un hecho y fenómeno ineludible, una evidencia del encuentro fructífero entre el mundo occidental y otros sistemas culturales, como es el chino, que revela la necesidad del diálogo y la sana convivencia desde el multiperspectivismo.

En el segundo capítulo, Regino Pedroso transculturiza en sus obras el discurso del orientalismo europeo por medio de la estrategia de la auto-orientalización para crear un espacio de redefinición, resistencia y negociación cultural. Se trata ciertamente de no solamente reconocer que el orientalismo manipuló y torció las representaciones del sujeto oriental, sino también mediante esta incorporación, proponer un acercamiento y entendimiento a ese sujeto "oriental" a partir de la cultura occidental. Desde el presente, con la mirada puesta en un pasado lejano y propio que hay que recordar y recuperar, Pedroso se esfuerza por edificar un futuro que acople y no fraccione legados, que reconcilie, aunque sin olvidar el agravio. Ubicándose en un discurso transculturado, el poeta chino-cubano nos muestra que los "orientales" no son necesariamente inferiores; tampoco los europeos son "superiores." La postura de Pedroso ya no es la de "subordinado" que se apropia del discurso orientalista con el afán de someter al sujeto "oriental" bajo un orden asimétrico, sino que transcultura, "selecciona e inventa" materiales a partir de lo que les ha transmitido la cultura europea para la creación de una imagen propia.

En el tercer capítulo, las obras de Siu forman parte de una literatura que consigue manifestar una temática universal que no depende de la oposición binaria Oriente / Occidente ni de la imagen exótica y esencialista impuesta por el discurso dominante. Asimismo, utiliza el español para la configuración de sus obras. El hecho de que haya escrito sus obras en español resalta la importancia de "traducir" un imaginario procedente de otra cultura. De tal manera, se puede ver una intención deliberada de Siu de superar la invisibilidad de este grupo étnico desde el interior. La transculturación narrativa de este escritor multilingüe nos demuestra que conocer y comprender el multiculturalismo requiere una voluntad de aprendizaje, una búsqueda de entendimiento y tolerancia, una apuesta por el diálogo desde la inclusión y la preservación literaria de elementos culturales y lingüísticos de culturas aisladas por la hegemonía. La transculturación demuestra que es factible aceptar la multiculturalidad no sólo como un fenómeno que se ha dado y que inevitablemente continuará, sino como un proyecto de nuevas experiencias y formas de expresión que de alguna manera faciliten el surgimiento de una sociedad creativa y rica en diversidad.

En el cuarto capítulo, vemos que Óscar Wong emplea una manera distinta de resolver la relación entre universalidad, modernidad y localismo porque implica un movimiento transcultural permanente, un traslado de símbolos orientales y mayas. Para Wong la coexistencia de ambas culturas era posible. Los legados encontrados de la cultura china, por una parte, y la cultura mexicana, por otra, podían emplearse con el objeto común de narrar un mundo que surge precisamente de la interacción dinámica. El poeta chiapaneco aboga en su obra por la convivencia y armonización de la pluralidad, ha pretendido asumir como reto la heterogeneidad que define a las narrativas de transculturación, y mirarlas desde ese desafío a la homogeneidad.

Finalmente, en el último capítulo, las obras de Carlos Francisco Changmarín, aunque alejadas del tema chino como tal, nacen con voluntad tanto de resistencia como de comunicación. Con este objetivo comunicativo y reivindicativo, incorpora los elementos procedentes de las culturas autóctonas, como sus valores, sus modos de percepción, sus tradiciones culturales, sus cosmovisiones no como una estrategia de exotización sino una marca de identidad diferencial. En este proceso, se producen pérdidas, selecciones, redescubrimientos e incorporaciones, como ya destacó Rama en su estudio sobre la transculturación narrativa. Entre el sistema occidental y el sistema autóctono surge un tercer sistema, un sistema transcultural, en el cual la traducción es primordial, con la intención de dar a conocer el sistema autóctono. En la dinámica de este tercer sistema transcultural, hemos observado la opción lingüística que adopta Changmarín en sus obras. Confluyen y se interrelacionan lenguajes y cosmovisiones de mundos socio-culturalmente distantes, incluso opuestos. Estos mundos diferentes chocan, tratan de verbalizar en su escritura ese conflicto cultural que le destroza por dentro, con el propósito de transmitir y dar a conocer un referente cultural autóctono.

Latinoamérica se presenta como espacio conformado desde la multiculturalidad, crisol que confluye elementos culturales de diversas procedencias: el componente indígena, el africano, el hispano, el asiático. Frente a las tendencias obstinadas en concebir la identidad como un núcleo compacto definido por parámetros establecidos, existen lecturas constructivas que prefieren revitalizar posibles beneficios derivados de la heterogeneidad. Dentro de esta línea de pensamiento, cabe destacar que la profunda libertad que propugna la transculturación, ante los peligros de la estrechez de las identidades, los autores a los que nos acercamos en este estudio, inmersos en este espacio intersticial, fluctúan entre lo nacional y lo global, el pasado y el presente, la asimilación y el rechazo, la memoria y el aprendizaje, la identificación y la alienación, ser o no ser. El concepto de transculturación abarca tanto el mestizaje como la hibridez, tanto la pérdida como la originalidad. Representa también uno de los modos característicos en que los intelectuales repensaban lo popular, acercándose a cuestiones como la desigualdad y automáticamente a cuestiones como la subalternidad. Incluso reflexionaban su propio lugar como productores de conocimiento en el horizonte de las formaciones heterogéneas y las culturas nacionales. Las narrativas de estos escritores develan poderosamente la necesidad de ubicar la obra literaria en su contexto, sistema o cultura. La problemática del encuentro intercultural, en la que es imposible evadirse de las relaciones de poder, halla en las narrativas que nos ocupan un amplio camino abierto a la exploración y la experimentación estética.

El crítico Lane Ryo Hirabayashi pregunta en correspondencia con la narrativa de este grupo étnico en las Américas: "¿Dónde podemos situar las obras narrativas de estos escritores?, ¿como parte de los estudios latinoamericanos? o ¿como una vertiente de 'Asian American Studies'?" (x; traducción mío). La respuesta es fácil: las narrativas de estos escritores se deben situar dentro de los estudios latinoamericanos. En las relaciones interculturales, las obras de estos escritores, surgidas de un contexto cultural altamente polarizado, constituyen un desafío hacia la desigualdad de la tradicional jerarquía socio-cultural de Latinoamérica, así como hacia la variante de ésta provocada por la modernización dependiente. Sus obras exigen de los lectores un acercamiento a la cultura subalterna y, por lo tanto, representan un desafío para un público lector criollo que siempre ha rechazado y resistido tal acercamiento y reconocimiento del otro. Su creación narrativa revela las experiencias históricas de los dominados desde una tensión permanente entre historia, cultura impuesta y resistencia con propuestas alternativas; asimismo, proporciona espacios de encuentros, de conflictos y de coexistencia de razas y de culturas.

## Bibliografía


Anderson Imbert, Enrique. *El realismo mágico y otros ensayos*. Caracas, Venez.: Monte Ávila, 1991. Impreso.

Arona, Juan de [seud. de Pedro Paz Soldán]. *La inmigración en el Perú*. Lima: Imprenta del Universo, 1891. Impreso.

Becker, Udo. *Enciclopedia de los símbolos. La guía definitiva para la interpretación de los símbolos que existen en la historia del arte y de la cultura.* Barcelona: Robinbook, 2009. Impreso.

Beverley, John. *Subalternity and Representation: Arguments in Cultural Theory.* Durham: Duke UP, 1999. Impreso.

Bhabha Homi. *The Location of Culture*. London y New York: Routledge, 1994.

Blanco Bonilla, David. *Writer Siu Kam Wen Back in the Public Eye in Peru.* Marzo 2009. Web. 20 de mayo 2009.

Bodde, Derk. "Dominant Ideas in the Formation of Chinese Culture." *Journal of The American Oriental Society* 62.4 (Dic. 1942): 293–99. Impreso.

Cáceres-Letourneaux, Béatrice. "L'œuvre de Siu Kam Wen à Lima: Réalité et imaginaire de la communauté chinoise du Pérou." Diss. Rennes U, 1995. Impreso.

Camayd-Freixas, Erik. Introduction. *Orientalism and Identity in Latin America: Fashioning Self and Other from the (Post)Colonial Margin*. Ed. Camayd-Freixas. Tucson: U of Arizona P, 2013. 1–18. Impreso.

Cardiel Marín, Rosario. "La migración china en el norte de Baja California, 1877–1949." *Destino México. Un estudio de las migraciones asiáticas a México, siglos XIX y XX*. Ed. María Elena Ota Mishima. México: El Colegio de México. 189–255. Impreso.

"Carlos Francisco Changmarín." *Directorio de escritores vivos de Panamá*. Universidad Tecnológico de Panamá. Web. 20 de marzo 2010.

Ceccagno, Antonella. "Languages of the Chinese Diaspora in Europe." *Lingua e Stile*. Prato, It.: 36.2 (Agosto 2001): 299–316. Impreso.

Changmarín, Carlos Francisco. *En ese pueblo no mataban a nadie*. Panamá: Ediciones ENE, 1992. Contraportada.

———. *Faragual: 13 cuentos panameños*. Panamá: R. de P., 1960. Impreso.

———. *El guerrillero transparente: Victoriano Lorenzo: Prócer cholo de la República*. 1982. 5a ed. Panamá: Ediciones ENE, 2004. Impreso.

———. *Las mentiras encantadas*. Panamá: Universitaria, 1997. Impreso.

———. *Poemas corporales*. Panamá: Ediciones del Ministerio de Educación, Departamento de Bellas Artes y Publicaciones, 1956. Impreso.

Chew, Selfa. "Chio Sam." http://www.poemaspoetas.com/selfa-chew/chio-sam. Web. 18 de agosto 2009.

——— "El idioma secreto." *La nueva ciudad de las damas. Feminismo y literatura.* Sept. 2007. http://www.otratrenza.blogspot.com/2007/09/el-idioma-secreto.html. Web. 17 de agosto 2009.

Chong, Armando. *Bitácora de ausencias.* Guadalajara: Coordinación, 1995. Impreso.

Chong Ruiz, Eustorgio. *Los chinos en la sociedad panameña.* Panamá: Instituto Nacional de Cultura, Dirección Nacional de Extensión Cultural, Departamento de Letras, 1993. Impreso.

Chou, Diego Lin. *Los chinos en Hispanoamérica.* San José, Costa Rica: Facultad Latinoamericana de Ciencias Sociales, Sede Académica Costa Rica, 2002.

Choy, Armando, Gustavo Chui & Moisés Sío Wong. *Nuestra historia aún se está escribiendo. La historia de tres generales cubano-chinos en la Revolución cubana* [New York]: Pathfinder, 2005. Impreso.

Chuffat Latour, Antonio. *Apunte histórico de los chinos en Cuba.* Havana: Molina, 1927. Impreso.

Cooper, J. C. *Yin and Yang: The Taoist Harmony of Opposites.* Wellinborough, Eng.: Aquarian, 1981. Impreso.

Corbitt, Duvon Clough. *A Study of the Chinese in Cuba 1847–1874.* Wilmore, KY: Asbury College, 1971. Impreso.

Cornejo Polar, Antonio. "El indigenismo y las literaturas heterogéneas. Su doble estatuto sociocultural." *Revista de Crítica Literaria Latinoamericana* 4.7 (1982): 7–21. Impreso.

———. "Mestizaje, transculturación, heterogeneidad." *Revista de Crítica Literaria Latinoamericana* 20.40 (1994): 368–71. Impreso.

Cua, Antonio S. "Opposites as Complements: Reflections on the Significance of Tao." *Philosophy East and West* 31.2 (abril 1981): 132–40. Impreso.

Dirlik, Arif. "Chinese History and the Question of Orientalism." *History and Theory* 35 (Dic. 1996): 96–118. Impreso.

Evans, Harriet. *Historia de China desde 1800.* Trad. Mariela Alvarez & Carmen Chuaqui. México: El Colegio de México, 1989. Impreso.

Fraginals, Manuel Moreno. "Extent and Significance of Chinese Immigration to Cuba (19th Century)." *Asiatic Migrations in Latin America. XXX International Congress of Human Sciences in Asia and North Africa.* Ed. Luz M. Martínez Montiel. México: El Colegio de México. 1981. 53–58. Impreso.

Franco, Jean. *Decadencia y caída de la ciudad letrada. La literatura latinoamericana durante la Guerra Fría*. Madrid: Debate, 2003. Impreso.

García Canclini, Néstor. "Noticias recientes sobre la hibridación." *Revista Transcultural de Música / Transcultural Music Review* 7 (Dic. 2003) http://www.sibetrans.com/trans/autor?autor=Néstor+García+Canclini. Web. 20 de oct. 2010.

———. *Culturas híbridas. Estrategias para entrar y salir de la modernidad*. México, DF: Grijalbo, 1990. Impreso.

García de Paredes, Franz. *Breve panorama de la evolución del cuento en Panamá*. Panamá: Colección Rodrigo Miró No. 4, 2004. Impreso.

García S., Ismael. *Historia de la literatura panameña*. Panamá: Manfer, 1992. Impreso.

González Vigil, Ricardo. *El cuento peruano, 1980–1989*. Lima: Petroperu y Ediciones Copé, 1997. Impreso.

Graham, A. C. *Dispute of the Tao: Philosophical Argument in Ancient China*. Chicago and La Salle, IL: Open Court Publishing, 1998. Impreso.

Guha, Ranajit. *Selected Subaltern Studies*. New York: Oxford UP, 1988. Impreso.

Guillén, Nicolás. Prólogo. *Órbita de Regino Pedroso*. De Regino Pedroso. La Habana: Unión de Escritores y Artistas, 1975. 429–30. Impreso.

Haas, William S. *The Destiny of the Mind: East and West*. New York: Macmillan, 1956. Impreso.

Hall, Stuart. "Cultural Identity and Diaspora." *Theorizing Diaspora: A Reader*. Ed. Jana Evans Braziel & Anita Mannur. Malden, MA: Blackwell, 2003. 233–46. Impreso.

Haring, C. H. *Spanish Empire in America*. New York: Oxford UP, 1947. Impreso.

Hirabayashi, Lane Ryo. "Reconsidering Transculturation and Power" (Introducción). *Asians in the Americas: Transculturations and Power*. (Número especial de *Amerasia Journal* 28.2). Los Angeles: Asian American Studies Center, 2002. ix–xxii. Impreso.

Ho, David Yau-fai. "On the Concept of Face." *American Journal of Sociology* 8.4 (Enero 1976): 867–84. Impreso.

Horton, James F. "Two Words of Chinese Origin in Present-day Peruvian Spanish." *Hispania* 60 (1997): 956–57. Impreso.

Hurtado Albir, Amparo. *Traducción y traductología. Introducción a la traductología*. Madrid: Cátedra, 2001. Impreso.

Hu-DeHart, Evelyn. "El Caribe. Los culíes, los tenderos y sus descendientes." *Cuando Oriente llegó a América. Contribuciones de inmigrantes chinos japoneses y coreanos*. Washington, DC: Banco Interamericano de Desarrollo, 2004. 13–34. Impreso.

Hu-DeHart, Evelyn. "México inmigrantes a una frontera en desarrollo." *Cuando Oriente llegó a América. Contribuciones de inmigrantes chinos, japoneses y coreanos*. Washington, DC: Banco Interamericano de Desarrollo, 2004. 53–78. Impreso.

———. "Opio y control social: Culíes en las haciendas de Perú y Cuba." *Istor* http://www.istor.cide.edu/archivos/num_27/dossier3.pdf. Web. 4 de marzo 2007.

Ishikawa, Juan Ryusuke. "Tácticas de aproximación hacia formas representativas de la presencia asiática en la literatura latinoamericana: Trayectoria del chino-culí y el haiku." Diss. U of California, Berkeley, 2005. Impreso.

Jacques, Leo M. "Chinese Merchants in Sonora, 1900–1931." *Asiatic Migrations in Latin America. XXX International Congress of Human Sciences in Asia and North Africa*. Ed. Luz M. Martínez Montiel. México: El Colegio de México. 1981. 13–20. Impreso.

Jaramillo Levi, Enrique. *Ser escritor en Panamá: Entrevistas a 29 escritores panameños al finalizar el siglo XX*. Panamá: Fundación Cultural Signos y Fundación Pro-Biblioteca Nacional, 1999. 60–70. Impreso.

Je, Zhao-wu, et al. *Ghoung Guo Si Xiang Fu Zhan Shi (La historia de la filosofía china)*. Beijing: La Juventud China, 1980. Impreso.

Jurado, Ramón H. "Itinerario y rumbo de la novela panameña." *Tres ensayos*. 3a. ed. Panamá: Cultural panameño, 1953. Impreso.

Kerr, R. A. "Lost in Lima: The Asian-Hispanic Fiction of Siu Kam Wen." *Chasqui* 28.1 (Mayo 1999): 54. Impreso.

Kokotovic, Misha. *The Colonial Divide in Peruvian Narrative: Social Conflict and Transculturation*. Brighton, Eng.: Sussex Academic, 2005. Impreso.

Kuah-Pearce, Khun Eng, & Andrew P. Davidson. *At Home in the Chinese Diaspora. Memories, Identities and Belongings*. Basingstoke, Hampshire, Eng.: Palgrave Macmillan, 2008. Impreso.

Kushigian, Julia A. *Orientalism in the Hispanic Literary Tradition: In Dialogue with Borges, Paz, and Sarduy*. Albuquerque: U of New Mexico P, 1991. Impreso.

Lausent-Herrera, Isabelle. "La cristianización de los chinos en el Perú: Interacción, sumisión y resistencia." *Études andines* 21.3 (1992): 977–1007. Impreso.

Lee-DiStefano, Debbie. "Historical Transculturations: Regino Pedroso and *El ciruelo de Yuan Pei Fu*: Poemas chinos." *Amerasia Journal* 28.2 (2002): 93–105. Impreso.

Levinson, Brett. "The Death of the Critique of Eurocentrism: Latinamericanism as a Global Praxis/Poiesis." *Orientalism and Identity in Latin America: Fashioning Self and Other from the (Post)Colonial Margin.* Ed. Erik Camayd-Freixas. Tucson: U of Arizona P, 2013. 19–34. Impreso.

Lienhard, Martin. *La voz y su huella. Escritura y conflicto étnico-cultural en América Latina 1492–1988.* Lima: Horizonte, 1992. Impreso.

Lin, Maan. "¿Chino o peruano? La ambivalente voz narrativa de los cuentos de Siu kam Wen." *Literatura y otras artes en América latina; actas del XXXIV Congreso del Instituto Internacional de Literatura Iberoamericana.* Iowa City: U of Iowa, 2004. 197–201. Impreso.

———. "Writers of the Chinese Diaspora: Siu Kam Wen in Peru." Diss. Columbia U, 1997. Impreso.

Lock Reyna, Milagros. "De la tiendita al supermercado. Los comerciantes chinos en América y el Caribe." *Nueva sSociedad* 203 (2006): 128–37. http://www.nuso.org/upload/articulos/3356_1. pdf. Web. 25 de feb. 2009.

López-Calvo, Ignacio. *Imaging the Chinese in Cuban Literature and Culture.* Gainesville: UP of Florida, 2009. Impreso.

———. Introduction. *Alternative Orientalisms in Latin America and Beyond.* Ed. López-Calvo. Newcastle, Eng.: Cambridge Scholars, 2007. viii–xiv. Impreso.

———. "Latin America and the Caribbean in a Sinophone Studies Reader?" *Sinophone Studies. A Critical Reader.* Ed. Shu-mei Shih, Chien-hsin Tsai & Brian Bernards. New York: Columbia UP, 2013. 409–24. Impreso.

———. "Sino-Peruvian Identity and Community as Prison: Siu Kam Wen's Rendering of Self-Exploitation and Other Survival Strategies." *Afro-Hispanic Review* 27.1 (Primavera 2008): 73–90. Impreso.

López Lemus, Virgilio. Prólogo. *Nosotros.* De Regino Pedroso. La Habana: Letras Cubanas, 1984. 1–5. Impreso.

Lowe, Lisa. *Immigrant Acts: On Asian American Cultural Politics.* Durham: Duke UP, 1996. Impreso.

Lynn, Pan. *Sons of the Yellow Emperor: A History of the Chinese Diaspora.* New York: Kodansha America, 1994. Impreso.

Major, John. *Prize Possession: The United States Government and the Panama Canal, 1903–1979.* Cambridge: Cambridge UP, 2002. Impreso.

Martí, José. *Obras completas.* Vol 6. La Habana: Imprenta y Papelería de Rambla y Bouza, 1908. 293. Impreso.

Mignolo, Walter. "Afterword: Human Understanding and (Latin) American Interests—The Politics and Sensibilities of Geocultural Locations." *Poetics Today* 16.1 (1995): 171–214.

———. "Colonialidad del poder y subalternidad." *Convergencia de tiempos. Estudios subalternos / contextos latinoamericanos, estados, cultura, subalternidad.* Ed. Ileana Rodríguez. Atlanta, GA: Rodopi, 2001. 155–84. Impreso.

Miró Quesada, Óscar. Prólogo. *Mey Shut (Poemas en prosa).* De A. Kuen Veng. Lima: Imp. "Lux," 1924. s. p. Impreso.

Mon, A. Ramón. "Procesos de integración de la comunidad china a la nación panameña." *Este país, un Canal: Encuentro de culturas.* Ed. Ileana Golcher. Panamá: CEASPA, Naciones Unidas, 1999. 77–94. Impreso.

Moreiras, Alberto. "The Conflict in Transculturation." *The Literary History of America: A Comparative History of Cultural Formation.* Cambridge: Cambridge UP, 2001. 129–37. Impreso.

Morimoto, Amelia. Introducción. *Cuando Oriente llegó a América. Contribuciones de inmigrantes chinos, japoneses y coreanos.* Washington, DC: Banco Interamericano de Desarrollo, 2004. 1–11. Impreso.

Mote, Frederick W. Introduction. *The Cambridge History of China.* Vol. 7: *The Ming Dynasty, 1368–1644, Part 1.* Ed. Frederick W. Mote & Denis Twitchett. New York: Cambridge UP, 1988. Impreso.

Navarro, Osvaldo. Prólogo. *Nosotros.* De Regino Pedroso. La Habana: Letras Cubanas, 1984. v–xiv. Impreso.

Nelson Austin, Herbert George. *Victoriano Lorenzo en la historia de Panamá.* Panamá: Centro de Investigación y Docencia de Panamá, 2003. Impreso.

Niño de Guzmán, Guillermo. *En el camino: Nuevos cuentistas peruanos.* Lima: Instituto nacional de cultura Anash, 1986. Impreso.

Núñez Jiménez, Antonio. *Wilfredo Lam.* La Habana: Letras Cubanas, 1982. Impreso.

Ortiz, Fernando. *Contrapunteo cubano del tabaco y el azúcar.* Caracas, Venez.: Biblioteca Ayacucho, 1978. Impreso.

Osorio, Nelson. Prólogo. *Órbita de Regino Pedroso.* De Regino Pedroso. La Habana: Unión de Escritores y Artistas, 1975. 7–34. Impreso.

Pedroso, Regino. *El ciruelo de Yuan Pei Fu. Poemas chinos.* La Habana: Letras Cubanas, 2001. Impreso.

———. *Nosotros.* La Habana: Letras Cubanas, 1984. Impreso.

———. *Órbita de Regino Pedroso.* Ed. Osvaldo Navarro. La Habana: Unión de Escritores y Artistas, 1975. Impreso.

Pérez de la Riva, Juan Pedro. *Contribución a la historia de la gente sin historia.* La Habana: Editorial de Ciencias Sociales, Instituto Cubano del Libro, 1974. Impreso.

Pieke, Frank N. *Recent Trends in Chinese Migration to Europe: Fujianese Migration in Perspective.* Geneva: International Organization for Migration, 2002. Impreso.

Pita Rodríguez, Félix. "Regino Pedroso y la nueva poesía cubana." *Regino Pedroso: Obra poética.* La Habana: Editorial Arte y Literatura, s. f. Impreso.

Popic, Miroslav. "Anti-prólogo." *Poemas de rutina.* De César Young Núñez. Panamá: Ediciones EAS, 1967. 9–13. Impreso.

Prakash, Gyan. "La imposibilidad de la historia subalterna." *Convergencia de tiempos. Estudios subalternos / contextos latinoamericanos, estados, cultura, subalternidad.* Ed. Ileana Rodríguez. Atlanta, GA: Rodopi, 2001. 61–70. Impreso.

Pratt, Mary Louise. *Ojos imperiales: Literatura de viajes y transculturación.* Trad. Ofelia Castillo. Buenos Aires: Fondo de Cultura Económica, 2011. Impreso.

Rama, Ángel. "Literatura y cultura en América Latina." *Revista de Crítica Literaria Latinoamericana* 9.18 (1983): 7–35. JSTOR. Web. 20 de oct. 2010.

———. *Transculturación narrativa en América Latina.* Montevideo: Fundación Ángel Rama, 1989. Impreso.

Real de Azúa, Mario Francisco. "Chinese Coolies in Peru: The Chincha Islands." *Asiatic Migrations in Latin America. XXX International Congress of Human Sciences in Asia and North Africa.* Ed. Luz M. Martínez Montiel. México: El Colegio de México. 1981. 37–58. Impreso.

Rivera, Pedro. Prólogo. *Las mentiras encantadas.* De Carlos Francisco Changmarín. Panamá: Universitaria, 1997. 11–12. Impreso.

Rodríguez Pastor, Humberto. *Herederos del dragón. Historia de la comunidad china en el Perú.* Lima: Fondo Editorial del Congreso del Perú, 2000. Impreso.

———. "Perú. Presencia china e identidad nacional." *Cuando Oriente llegó a América. Contribuciones de inmigrantes chino, japoneses y coreanos.* Washington, DC: Banco Interamericano de Desarrollo, 2004. 115–34. Impreso.

Romero, Roberto Chao. *Chinese in Mexico, 1882–1940.* Tucson: U of Arizona P, 2011. Impreso.

Rosales, Patricia. "Entrevista a Óscar Wong." *Hecatombes.* Blog. 9 de julio 2008. http://hecatombes.blogspot.com/2008/09/entrevista-oscar-wong.html. Publicado en http://www.clubdebrian.com. Web. 28 de enero 2011.

Said, Edward. *Orientalism*. New York: Pantheon. 1978. Impreso.

Salina, Adela. "El sumo sacerdote." *Primero Dios: Los escritores mexicanos hablan de sus amores, odios, peleas y reconciliaciones con la divinidad.* México: Colibrí, 1999. 139–56. Impreso.

Sarduy, Severo. Introducción. *De dónde son los cantantes*. La Habana: Letras Cubanas, 1995. 5. Impreso.

Scherer, Frank. "A Culture of Erasure: Orientalism and Chineseness in Cuba, 1847–1997." Diss. New York U, 2000. Impreso.

Schiavone Camacho, Julia María. *Chinese Mexicans. Transpacific Migration and the Search for a Homeland, 1910–1960*. Chapel Hill: U of North Carolina P, 2012. Impreso.

Schwartz, Benjamin. "The Thought of the Tao-te-ching." *Lao-tzu and the Tao-te-ching*. Ed. Livia Kohn & Michael LaFargue. New York: State U of New York P, 1998. 189–210. Impreso.

Sinche López, Tomacini. "El escritor Siu Kam Wen vuelve al primer plano con nuevas ediciones en Perú." *Diario Expreso* 4 de marzo 2009. Web. 15 de abril 2009.

Siu, Kam Wen. *Cuentos completos*. Morrisville, NC: Lulu, 2004. Impreso.

———. *Tierra de nadie*. Blog. http://siukamwen.blogspot.com. Web. 3 de feb. 2009.

———. *El tramo final*. Lima: Lluvia, 1985. Impreso.

———. *Viaje a Itaca*. Morrisville, NC: Lulu, 2004. Impreso.

———. *La vida no es una tómbola*. Morrisville, NC: Lulu, 2008. Impreso.

Siu, Lok. "Panamá. El ferrocarril, la tienda y el barrio." *Cuando Oriente llegó a América. Contribuciones de inmigrantes chinos, japoneses y coreanos*. Washington, DC: Banco Interamericano de Desarrollo, 2004. 79–98. Impreso.

Spitta, Silvia. *Between Two Waters: Narratives of Transculturation in Latin America*. Houston: Rice UP, 1995. Impreso.

Spivak, Gayatri Chakravorty. "Can the Subaltern Speak?" *Marxism and the Interpretation of Culture*. Urbana: U of Illinois P, 1988. 271–313. Impreso.

Tan, Chee Beng. "People of Chinese Descent: Language, Nationality and Identity." *The Chinese Diaspora. Selected Essays*. Vol. 1. Ed. Wang Ling-chi & Wang Gungwu. Singapore: Times Academic Press, 1998. 29–48. Impreso.

*Tao Te Ching*. Extraído del *Tao Tê Ching* de las Ediciones Morata. Trad. al inglés por Ch'u Ta-Kao. Versión española por Caridad Diaz Faes. Capital federal, Arg.: Escuela Taoísta Hung Lin, s.f. http://www.bosquetaoista.com.ar/tao_te_ching.htm. Web. 11 de feb. 2011.

Varela, Beatriz. *Lo chino en el habla cubana*. Miami: Universal, 1980. Impreso.

Vásquez, Margarita. "Lecturas cruzadas de la literatura panameña." *Contrapunto: Doce ensayos sobre la literatura en Panamá*. Panamá: Editorial Universitaria "Carlos Manuel Gasteazoro," 2008. 48–65. Impreso.

Veng, A. Kuan. *Mey Shut (Poemas en prosa)*. Lima: Imp. "Lux," 1924. s. p. Impreso.

Villaespesa, Francisco. "Breves comentarios." *Mey Shut (Poemas en prosa)*. De A. Kuen Veng. Lima: Imp. "Lux," 1924. s. p. Impreso.

Villanueva Chang, Julio. *Un extraterrestre en la cocina [y otras crónicas]*. Lima: San Marcos E.I.R.I., 2007. Impreso.

Villar, Roberpierce C.A. *Nuestra herencia oculta. Desarrollo de la Cultura China en Panamá en el siglo XIX*. Panamá: Poligrafía, 2002. Impreso.

Webster, Richard. *Feng shui para la casa*. Trad. Héctor Ramírez Silva & Edgar Rojos. St. Paul, MN: Llewellyn Worldwide. 2003. Impreso.

Wong, Óscar. *A pesar de los escombros*. México: Nautilium, 1994. Impreso.

———. *Entre las musas y Apolo. Poesía mexicana: Presencia y realidad*. México: Grupo Editorial 7, 1991. Impreso.

———. *Fulgor de la desdicha*. México: Instituto Mexiquense de Cultura, 2002. Impreso.

———. *Razones de la voz*. México: Consejo nacional para la cultura y las artes, Dirección General de Publicaciones, 2002. Impreso.

———. *La salvación y la ira: Nueva poesía mexicana*. México: Claves Latinoamericanas, 1986. Impreso.

———. "Talleres del Wongnasterio. Para poetas y narradores incipientes, escultores, pintores, artistas plásticos y para cualquier persona interesada en desarrollar sus habilidades literarias." Web. 29 de marzo 2011.

Wong Kcomt, Julia. *Bocetos para un cuadro de familia*. Lima: Borrador, 2008. Impreso.

———. *Un salmón ciego*. Lima: Borrador, 2008. Impreso.

Wong Vega, Luis. *Sueños cóncavos*. Panamá: Mariano Arosemena, 1990. Impreso.

Yamawaki, Chikako. *Estrategias de vida de los inmigrantes asiáticos en el Perú*. Lima: IEP, JCAS, 2002. Impreso.

Yen, Ching-Hwan. "Modern Overseas Chinese Business Enterprise: A Preliminary Study." *The Chinese Diaspora. Selected Essays*. Vol. 1. Singapore: Times Academic Press, 1998. 96–110. Impreso.

Young Núñez, César. *Cartas a Blancanieves*. Panamá: Instituto Nacional de Cultura, 1976. Impreso.

Young Núñez, César. *Poemas de rutina.* Panamá: Ediciones EAS, 1967. Impreso.

Yun, Lisa. *The Coolie Speaks: Chinese Indentured Laborers and African Slaves in Cuba.* Philadelphia: Temple UP, 2008. Impreso.

Zevallos, Ulises Juan. "Baile, comida y música en la construcción de una identidad cultural subalterna andina en el exilio norteamericano." *Convergencia de tiempos. Estudios subalternos / contextos latinoamericanos, estados, cultura, subalternidad.* Ed. Ileana Rodríguez. Atlanta, GA: Rodopi, 2001. 365–80. Impreso.

# Índice alfabético

## Sobre el libro

Huei Lan Yen
*Toma y daca: Transculturación y presencia de escritores chino-latinoamericanos*

En la segunda mitad del siglo XIX, decenas de miles de trabajadores chinos emigraron a Cuba, Perú, México y Panamá en busca de una vida mejor. En los países donde residieron, los chinos y sus descendientes optaron por asimilarse contribuyendo de manera significativa al desarrollo económico de la sociedad de acogida mediante su participación laboral en la agricultura, el transporte y otras industrias. Asimismo, en el ámbito literario, artístico, religioso y político también aportaron al devenir cultural de estos países.

En Toma y daca: Transculturación y presencia de escritores chino-latinoamericanos, uno de los primeros estudios de la tradición literaria china-latinoamericana y uno de los primeros que trata obras de autores nunca antes estudiados, Huei Lan Yen examina cómo los escritores latinoamericanos de primera y segunda generación de ascendencias china y mestiza utilizan la literatura para reconstruir, reevaluar, y renegociar sus identidades culturales. Yen sostiene que es a través de esa producción literaria que conseguimos un mejor entendimiento de las complejidades y tensiones del proceso de la transculturación Oriente-Occidente en América Latina del siglo XIX.

Explorando a gran escala la interrelación única entre los componentes de la cultura china, como el confucianismo y el taoísmo, y las culturas dominantes de América Latina, Yen demuestra que la literatura china en América Latina posee una tradición de compleja y sofisticada estética, pero siempre con sus propios rasgos distintivos culturales.

Huei Lan Yen, Grand Valley State University, recibió su doctorado en literatura española de la Universidad de Oklahoma en 2012. Se especializa en literatura contemporánea de América Latina con un enfoque particular en la presencia y la obra literaria de escritores chino-latinoamericanos. Sus investigaciónes literarias incluyen orientalismo, poscolonialismo y teoría cultural y estudios culturales.

## About the book

Huei Lan Yen
*Toma y daca: Transculturación y presencia de escritores chino-latinoamericanos*

In the mid-1800s, tens of thousands of Chinese workers migrated to Cuba, Peru, Mexico, and Panama in search of a better life. As they and their descendants assimilated into their new host countries, they contributed significantly to the economies of these countries through their work in agriculture, transportation, and other industries. However, through the years and throughout their work and assimilation, they also made distinguished literary, artistic, religious, and political contributions to the cultural heritage of the region.

In one of the first such studies of the Chinese-Latin American literary tradition and treating authors' works never before studied, Huei Lan Yen examines how first- and second-generation Latin American writers of Chinese and mixed-race Chinese descent relied upon literature to reconstruct, reevaluate, and renegotiate their cultural identities. Yen then argues that it is through the lens of their literary output that we can best understand the intricacies and tensions of the East-West transculturation process of nineteenth-century Latin America.

Exploring the unique interplay of aspects of Chinese culture, such as Confucianism and Taoism, with dominant Latin American cultures, on a broad scale, Yen reveals Chinese–Latin American literature as having an aesthetically complex and sophisticated tradition with a specific cultural flavor of its own.

Huei Lan Yen, Grand Valley State University, received her PhD in Spanish Literature at the University of Oklahoma in 2012. She specializes in Latin American contemporary literature with a particular focus on the presence and the literary works of the Chinese-Latin American writers. In addition, her research interests include Orientalism, Post-colonialism, and cultural theory and cultural studies.